2023 年“零基础抢先学”焕新升级

独享两大配套服务，零基础抢先备考

在线测·零基础入门题库 200 题 / 科

扫码线上做题，供您检验学习成果，以题带点，高效预习。

同步学·零基础抢先学班 15 小时 / 科

本书作者亲自讲授，书课完美匹配，带您提前了解考试密码。

U0912246

轻松两步，解锁配套服务

STEP 1

扫码下载“会计云课堂”App

STEP 2

刮开封面的防伪码

用 App 扫描二维码激活领取

翻开这本书，
在预习阶段，助您抢先一步，轻松入门

您觉得通过初级会计考试最大的困难是什么？

→ 学习时，看不懂专业词汇？

→ 学习过程缺乏计划性？

→ 学习时间少？

→ 还是，有其他的原因 / 借口？

据东奥调研数据显示：

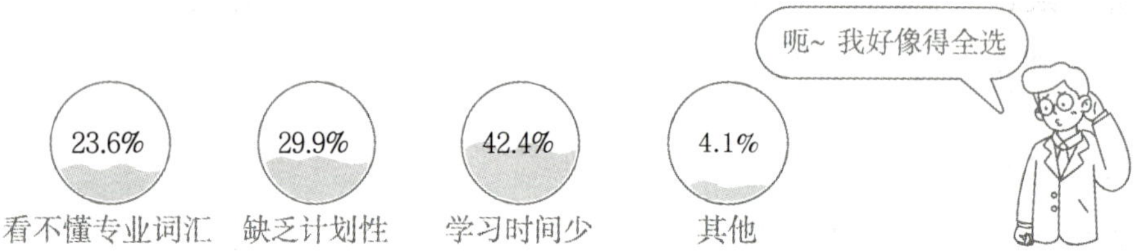

“零基础抢先学”是您会计入门的不二之选！

时间不是用来等待的，行动会赋予它无上的价值，学习，更应趁早。

针对以上学习困境，老师精心编撰了这本初级预习必备指南。

这本书，容易阅读，含金量高，从起点就给您自信。

15 小时 精品配套课程，本书作者亲授，让您收获满满	**15** 个 专题解读，带您抢先学习恒考点
15 条 “专题小词典”帮您轻松理解专业词汇	**70** 多幅 漫画、图示，助您入门不费力，基础打得牢

本书作者 ——

马小新老师 & 斌哥对您说

“零基础抢先学”历经琢磨，焕新升级，

从「基础入门」到「专题先学」，由浅入深，由表及里，

将会计语言形象化，将复杂知识图表化，

更接地气，更有内涵，

带您从“零”开始，透视定义，锚定要点，

轻松开启会计之旅！

我们会陪您勇敢地迈出第一步，

并坚定的一路相随！

翻开书，

从此刻开始，每一页都是给自己的惊喜！

—— 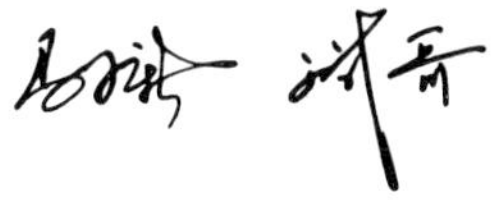

2023年会计专业技术资格考试

零基础抢先学

初级会计实务 | 经济法基础

马小新　斌　哥　主编

东奥会计在线　编

北京科学技术出版社

图书在版编目 (CIP) 数据

2023 年会计专业技术资格考试零基础抢先学 . 初级会计实务 | 经济法基础 / 马小新，斌哥主编；东奥会计在线编 . — 北京：北京科学技术出版社，2022. 5（2022. 10 重印）

ISBN 978-7-5714-2305-6

Ⅰ . ① 2…　Ⅱ . ①马…　②斌…　③东…　Ⅲ . ①会计实务—资格考试—自学参考资料　②经济法—中国—资格考试—自学参考资料　Ⅳ . ① F23

中国版本图书馆 CIP 数据核字（2022）第 078875 号

责任编辑：李　鹏
责任校对：贾　荣
装帧设计：韩文静　晓　莉
责任印制：张　良
出 版 人：曾庆宇
出版发行：北京科学技术出版社
社　　址：北京西直门南大街 16 号
邮政编码：100035

电　　话：0431-87635566（编辑部）
010-66135495（总编室）
网　　址：www. bkydw. cn
印　　刷：湖南天闻新华印务有限公司
开　　本：787 mm × 1092 mm　1/16
字　　数：240 千字
印　　张：13
版　　次：2022 年 5 月第 1 版
印　　次：2022 年 10 月第 2 次印刷

ISBN 978-7-5714-2305-6

定　价：48. 00 元

编 委 会

主　编：马小新　　斌　哥

编　委：（按姓氏笔画排序）

卢　玮　　刘　畅　　刘红梅

李　丽　　肖园园　　陈　然

目录 CONTENTS

第一部分　备考指南

第二部分　初级会计实务

第三部分 经济法基础

第四部分 进阶备考攻略

第一部分

备考指南

备考指南

一、初级会计考什么

初级会计专业技术资格考试采用无纸化机考形式，一般情况下于每年 5 月分批次进行。考查科目包括初级会计实务和经济法基础，考生须在 1 个考试年度内通过全部科目的考试，方可取得初级资格证书。

科目	科目特征	应对策略
初级会计实务	（1）内容多，专业性强，考点分散，各章节内容相互联系，需要先掌握会计基础理论、了解会计体系，再研究如何分析业务并进行账务处理 （2）考试中主要涉及文字表述型题目、账务处理型题目和计算型题目 （3）复习难点在于从会计角度理解经济业务以及正确书写会计分录	（1）前期须结合入门内容打好基础，多看多记专业名词，培养会计思维方式 （2）在理解的基础上结合方法记忆知识点，不要死记硬背，尤其是会计分录的内容，要多想多练 （3）做题时，要注意分析解题方法，对错题要进行总结与回顾，找到原因，避免重复犯错
经济法基础	（1）内容较多，考点分散，主要分为非税法部分与税法部分 （2）考试中主要涉及文字表述型题目和计算型题目 （3）复习难点在于知识点容易忘记或混淆，需要注意辨析	（1）需要记忆较多的法律法规相关内容，因此要注意归纳总结、对比记忆 （2）可以自己总结或通过老师的小口诀、小技巧等方法找到记忆窍门 （3）税法部分要注意分析规定产生的原因，在理解的基础上掌握计算原理

二、考试题型有什么

根据近 3 年的考试情况来看，初级会计实务与经济法基础两科的考试题型均为单项选择题、多项选择题、判断题与不定项选择题，难度不大。

（一）单项选择题——考查基础内容

单项选择题是在 4 个备选答案中选择一个最符合题意的正确选项，不选、错选均不得分。该类题目难度较小，分值占比较大，主要考查基本概念和简单的计算，比较容易得分，打好基础、努力提高单项选择题的正确率是通过考试的捷径。

（二）多项选择题——考查对比总结

多项选择题是在 4 个备选答案中选择 2 个或 2 个以上符合题意的正确选项，至少选择两个答案，少选得相应分值，多选、错选、不选均不得分，建议考生养成“谨慎”作答的习惯。多项选择题综合性很强，而且经常涉及对易错易混点的辨析，全部选对的难度较大。在日常做题演练时，需分析考点以及考查方向，题目做完后，要进行总结，并以题带点的巩固相关知识，争取提高正确率。

（三）判断题——考查细枝末节

判断题即判断正误，错答、不答均不得分，也不扣分。从历年的考试情况来看，判断题经常考查细枝末节的知识点，并常在教材原文的基础上进行轻微改动，整体来看题干包含信息比较单一，得分较容易。

（四）不定项选择题——考题集中，综合性强

不定项选择题是在选项中选择一个或一个以上的正确答案，全部选对得满分，少选得相应分值，多选、错选、不选均不得分。该类题目综合性很强，需要将知识点融会贯通，但考查范围相对明确，因此复习方向比较容易确定。例如，初级会计实务常考查资产、收入、负债等内容，而且每个大题中各小题之间都会存在一定的联系，因此理清做题思路、掌握重要考点是做对该类题目的关键；而经济法基础常考查支付结算、增值税、企业所得税等内容，题目相对比较独立，重点也非常突出，所以要勤于练习，熟悉出题套路是做对该类题目的关键。

（五）题型、题量及分值

题型	题量及分值	
	初级会计实务	经济法基础
单项选择题	2分/小题 ×20小题=40分	2分/小题 ×23小题=46分
多项选择题	2分/小题 ×10小题=20分	2分/小题 ×10小题=20分
判断题	1分/小题 ×10小题=10分	1分/小题 ×10小题=10分
不定项选择题	2分/小题 ×5小题/大题 ×3大题=30分	2分/小题 ×4小题/大题 ×3大题=24分

三、学习方法早知道

（一）制订学习计划

常言道："工欲善其事，必先利其器！"，强调事前做准备、制订计划的重要性，初级会计资格考试也同样适用。制订计划，既有助于提高学习效率，也能够帮助我们增强信心，如果没有计划，看心情做事，三天打鱼，两天晒网，最终的结果很可能是做无用功，甚至放弃考试。

因此，当我们在进入预习阶段的时候就要制定目标，了解每个学习阶段需要花费的时间、应该准备什么资料、达到什么复习要求。下表是根据多年来学员的复习习惯以及编者的授课经验为考生提供的学习计划，可供参考。

学习阶段	必备资料	配套课程	学习要求
预习阶段	"零基础抢先学"	零基础抢学班、预习班等课程	了解初级会计考试的基本情况，熟悉基础概念，建立知识框架，对基本知识点有所了解
基础阶段	"轻松过关®1"配套讲义	基础班课程	系统学习知识，注意学练结合，及时巩固，达到夯实基础的目的
巩固阶段	"轻松过关®2""轻松过关®3"	习题班等提升阶段课程	掌握不同题型的出题套路和规律，并通过题目回顾相关知识点
冲刺阶段	"轻松过关®4"	串讲班、模考班等冲刺阶段课程	熟悉考试节奏，把握做题时间，查漏补缺，增强自信

（二）把握基础，紧扣常考点

考生要在把握考试大纲的基础上，全面、系统地学习教材内容，并在理解的基础上掌握核心重难点。初级会计专业技术资格考试通常为单一基础性知识或两个基础知识点的组合考查，总体难度不大，但由于考试批次多，导致涉及的知识点覆盖面很广，因此，考生一定要在基础阶段认真学习，尽量掌握更多知识，并随时练习和巩固。在冲刺阶段，再着重突破常考点，并理解透彻，这样才能做到有备无患。

（三）加强练习与复盘

在学习的过程中对知识点进行理解和记忆是输入的过程，在此基础上通过做题加以巩固是输出的过程，而总结与复盘则是将输入与输出中存在的错误进行矫正的过程。三个过程相互印证和强化。

在实践中，我们总是更重视学习课程，也就是输入的过程，而练习与复盘往往做得不够，但这才是能够真正检验知识点掌握程度的有效方法，它可以帮助我们发现不足的地方，并加以强化。切记做题不是搞"题海战术"，认真分析 1 道错题要比盲目地做 10 道题更有效。因此，我们在复习的时候，要注意多做练习题，多总结复盘。

初级会计备考之路即将开启，你准备好了吗？

第二部分

初级会计实务

基础入门篇

互助群 · 23 年「东奥初级抢学群」

打开微信扫描右方二维码，加入学习社群，畅享多维服务。

- 严选资料 · 考点巩固 · 每日一练 · 陪伴督学

入门一　会计基本概念

通过本部分你会了解：

定义：会计是什么；

会计职能：基本职能与拓展职能；

会计目标：要求会计工作完成的任务或达到的标准；

会计基础：权责发生制和收付实现制。

考点1　会计概念 ★

现代会计是以货币为主要计量单位，采用专门方法和程序，对企业和行政、事业单位的经济活动过程及其结果进行准确完整、连续系统的核算和监督，以如实反映受托责任履行情况和提供有用经济信息为主要目的的经济管理活动。

【提示】未特别说明时，均以企业会计为主体进行介绍。

入门解读　会计的概念几乎不会单独考查，作为基础内容了解即可，其中具有可考性的细节内容将单独呈现。

考点2　会计职能 ★★

会计职能是指会计在经济活动及其管理过程中所具有的功能。

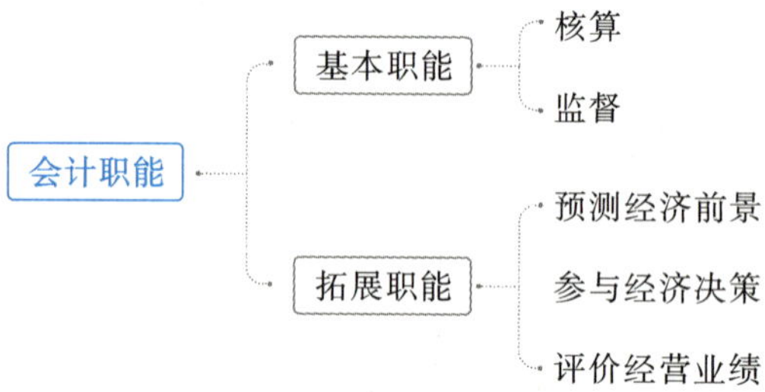

（一）基本职能

1. 核算职能

会计的核算职能是指会计以货币为主要计量单位，对特定主体的经济活动进行确认、计量、记录和报告。会计核算贯穿于经济活动的全过程，是会计最基本的职能。

会计核算的内容主要包括以下几项。

（1）款项和有价证券的收付（钱）。

（2）财物的收发、增减和使用（物）。

（3）债权、债务的发生和结算。

（4）资本、基金的增减。

（5）收入、支出、费用、成本的计算（利润相关）。

（6）财务成果的计算和处理。

（7）需要办理会计手续、进行会计核算的其他事项。

> **小新点**　会计核算范围简单记：钱，物，债权、债务，资本、基金，利润相关，财务成果 + 其他。

2. 监督职能

会计的监督职能是指会计机构、会计人员对其特定主体经济活动和相关会计核算的真实性、完整性、合法性和合理性进行审查，使之达到预期经济活动和会计核算目标的功能。

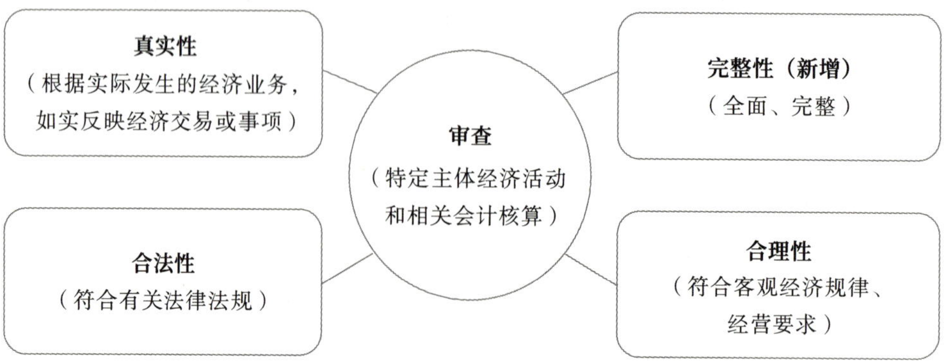

3. 会计核算与会计监督的关系

（1）会计核算与会计监督是相辅相成、辩证统一的；

（2）会计核算是会计监督的基础，没有核算提供的各种系统性会计资料，监督就失去了依据；

（3）会计监督又是会计核算质量的保障，只有核算没有监督，就难以保证核算提供信息的质量。

小新点 核算是监督的基础，监督是核算的质量保障，二者相辅相成、辩证统一。

（二）拓展职能

预测经济前景	判断和推测经济活动的发展变化规律，以指导和调节经济活动，提高经济效益
参与经济决策	根据信息对备选方案进行经济可行性分析，提供与决策相关的信息
评价经营业绩	作出真实、客观、公正的综合评判

牛刀小试 **【单选题】**下列各项中，关于会计监督职能表述正确的是（ ）。（2021年）

A. 会计监督是利用财务报告信息对经济决策备选方案进行的可行性分析

B. 会计监督是对经济业务和会计核算的真实性、完整性、合法性和合理性的审查

C. 会计监督是会计核算的基础

D. 会计监督是会计的拓展职能

【解析】会计的监督职能是指会计机构、会计人员对其特定主体经济活动和相关会计核算的真实性、完整性、合法性和合理性进行审查，使之达到预期经济活动和会计核算目标的功能（选项A错误、选项B正确）。会计核算是会计监督的基础（选项C错误），会计监督是会计的基本职能（选项D错误）。

【答案】B

入门解读 本考点可考性较强，考生应重点把握基本职能和拓展职能的范围，以及两项基本职能的关系。其中，会计核算和会计监督的关系可以采用“类比法”记忆：将核算类比为“写作业”，将监督类比为“检查作业”。

写作业（核算）

基础 ↓ ↑ 质量保障

检查作业（监督）

考点3　会计目标 ★

会计目标，是要求会计工作完成的任务或达到的标准。

会计的基本目标是向财务报告使用者提供企业财务状况、经营成果和现金流量等有关的会计资料和信息，反映企业管理层受托责任履行情况，有助于财务报告使用者作出经济决策，达到不断提高企业事业单位乃至经济社会整体的经济效益和效率的目的和要求。

入门解读　本考点具有一定的可考性，在掌握会计目标的同时，还应当了解“财务报告使用者（即会计资料及信息的使用者）”的范围，主要包括投资者、债权人、政府及其有关部门和社会公众等。

考点4　会计基本假设 ★

会计基本假设是对会计核算时间和空间范围以及所采用的主要计量单位等所作的合理假定，是企业会计确认、计量、记录和报告的前提。

（一）会计主体

会计主体是指会计工作服务的特定对象，是企业会计确认、计量、记录和报告的空间范围。

> **小新点**　给谁做账，谁就是会计主体。

（二）持续经营

持续经营是指在可以预见的将来，企业将会按当前的规模和状态继续经营下去，不会停业，也不会大规模削减业务。

（三）会计分期

会计分期是指将一个企业持续经营的生产经营活动划分为一个个连续的、长短相同的期间。

【提示】持续经营是会计分期的前提。

会计期间通常分为会计年度和中期。中期是指短于一个完整的会计年度的报告期间，如月度、季度、半年度等。

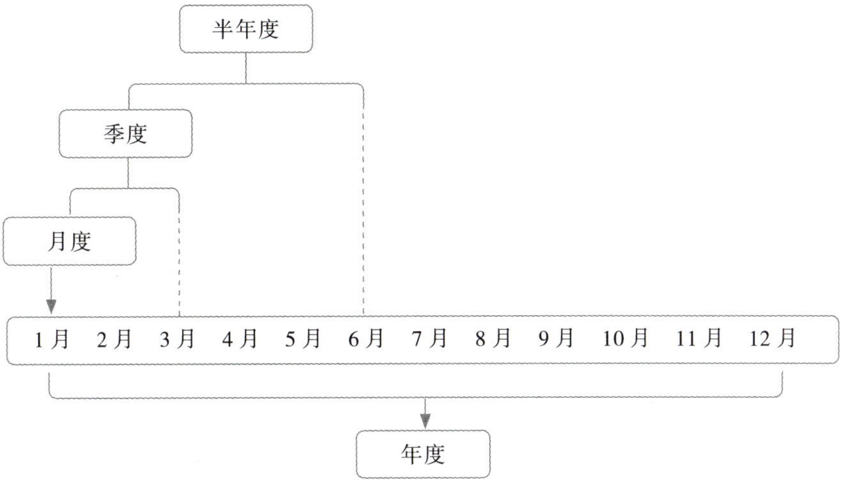

（四）货币计量

货币计量是指会计主体在会计确认、计量、记录和报告时主要以货币作为计量单位，来反映会计主体的生产经营活动过程及其结果。

需要注意的是，货币是主要的计量单位，而非“唯一”的计量单位，会计核算时除了货币，还会辅以其他计量单位，如辆、件、千克等。

入门解读　本考点具有一定的可考性，考生应掌握会计基本假设内容，同时可以准确对应假设范围：

会计核算空间范围合理假定：会计主体。

会计核算时间范围合理假定：持续经营、会计分期。

会计核算计量单位合理假定：货币计量。

考点 5　会计基础 ★

会计基础是指会计确认、计量、记录和报告的基础，具体包括权责发生制和收付实现制。

（一）权责发生制

权责发生制是指以取得收取款项的权利或支付款项的义务为标志来确定本期收入和费用的会计核算基础。

两个凡是原则：

（1）凡是当期已经实现的收入和已经发生或者应当负担的费用，无论款项是否收付，都应当作为当期的收入和费用，计入利润表；

（2）凡是不属于当期的收入和费用，即使款项已在当期收付，也不应当作为当期的收入和费用。

【提示】企业应当以权责发生制为基础进行核算。

（二）收付实现制

收付实现制是指以现金的实际收付为标志来确定本期收入和费用的会计核算基础。

【提示】政府单位预算会计采用收付实现制，国务院另有规定的，依照其规定。

小新点　会计基础适用情形总结：

对象		会计基础
企业		权责发生制
政府单位	预算会计	收付实现制（国务院另有规定的，从其规定）
	财务会计	权责发生制

举例 / 2022年6月甲公司管理部门发生电话费2000元，于次月支付。

权责发生制：对事不对钱，甲公司6月有支付电话费的义务，应将费用确认在6月。

收付实现制：对钱不对事，甲公司6月未支付电话费，不确认费用；应于7月实际支付电话费时确认费用。

入门解读　本考点应作为基础理论理解，可考性较低。考生可通过以下方式理解：

权责发生制，对事不对钱，收钱的权利或付钱的义务发生时确认收入或费用。

收付实现制，对钱不对事，收钱或付钱时确认收入或费用，并按照实际收、付款金额确认。

考点6　会计信息质量要求 ★★

会计信息质量要求是对企业财务报告所提供会计信息质量的基本要求，是使财务报告所提供会计信息对投资者等信息使用者决策有用应具备的基本特征，主要包括可靠性、相关性、可理解性、可比性、实质重于形式、重要性、谨慎性和及时性等。

（一）可靠性

可靠性要求企业应当以实际发生的交易或者事项为依据进行确认、计量、记录和报告，如实反映符合确认和计量要求的各项会计要素及其他相关信息，保证会计信息真实可靠、内容完整。

（二）可理解性

可理解性要求企业提供的会计信息应当清晰明了，便于投资者等财务报告使用者理解和使用。

（三）可比性

可比性要求企业提供的会计信息应当相互可比，主要包括两层含义：

（1）同一企业不同时期可比（同企不同时）。

同一企业不同时期发生的相同或者相似的交易或者事项，应当采用一致的会计政策，不得随意变更。

（2）不同企业相同会计期间可比（同时不同企）。
不同企业同一会计期间发生的相同或者相似的交易或事项，应当采用同一会计政策，确保会计信息口径一致、相互可比。

（四）相关性

相关性要求企业提供的会计信息应当与财务会计报告使用者的经济决策需要相关，有助于财务会计报告使用者对企业过去、现在或者未来的情况作出评价或者预测。

（五）重要性

重要性要求企业提供的会计信息应当反映与企业财务状况、经营成果和现金流量有关的所有重要交易或事项。
在实务中，如果某项会计信息的省略或者错报会影响投资者等财务报告使用者据此作出决策，该信息就具有重要性。重要性的应用需要依赖职业判断，企业应当根据其所处环境和实际情况，从项目的功能、性质和金额大小多方面加以判断。

（六）实质重于形式

实质重于形式要求企业应当按照交易或者事项的经济实质进行会计确认、计量、记录和报告，不仅仅以交易或者事项的法律形式为依据。
例如，企业租入的资产（短期租赁和低价值资产租赁除外）应确认为使用权资产。

（七）谨慎性

谨慎性要求企业对交易或者事项进行会计确认、计量、记录和报告应当保持应有的谨慎，不应高估资产或者收益、低估负债或者费用。
例如，计提减值准备、固定资产加速折旧、确认预计负债（要求企业对售出商品很可能发生的保修义务确认预计负债、对很可能承担的环保责任确认预计负债等）等。

（八）及时性

及时性要求企业对于已经发生的交易或者事项，应当及时进行确认、计量、记录和报告，不得提前或延后。

【提示】在会计确认、计量、记录和报告的全过程，要求及时收集信息、及时处理信息、及时传递信息。

牛刀小试 **【多选题】**下列各项中，关于企业会计信息可靠性表述正确的有（　　）。（2018年）

A. 企业应当保持应有的谨慎，不高估资产或收益、低估负债或费用

B. 企业提供的会计信息应当相互可比

C. 企业应当保证会计信息真实可靠、内容完整

D. 企业应当以实际发生的交易或事项为依据进行确认、计量、记录和报告

【解析】可靠性要求企业应当以实际发生的交易或者事项为依据进行会计确认、计量、记录和报告（选项D正确），如实反映符合确认和计量要求的各项会计要素

及其他相关信息，保证会计信息真实可靠、内容完整（选项C正确）。选项A属于会计信息谨慎性要求；选项B属于会计信息可比性要求。

【答案】CD

入门解读 本考点可考性较强，在预习阶段考生应重点掌握会计信息质量要求的范围和内容要点，进入基础阶段学习后还会进一步补充应用举例。可以结合以下口诀和要点进行记忆：

小新点 "3可、1相、紧（谨慎）急（及时）中（重要）止（实质）"。

- 3可
  - 可靠性（真实、完整）
  - 可理解性（清晰明了）
  - 可比性（同企不同时、同时不同企）
- 1相
  - 相关性（与使用者决策相关）
- 紧（谨慎）急（及时）中（重要）止（实质）
  - 谨慎性（不高估资收、低估负费）
  - 及时性（不提前、延后）
  - 重要性（功能、性质和金额大小）
  - 实质重于形式（实质>法律）

入门二　会计要素、计量属性、会计等式

通过本部分你会了解：

什么是会计要素，各有什么特征，如何确认；
会计要素如何计量；
会计等式是什么。

考点1　会计要素及其确认条件 ★★

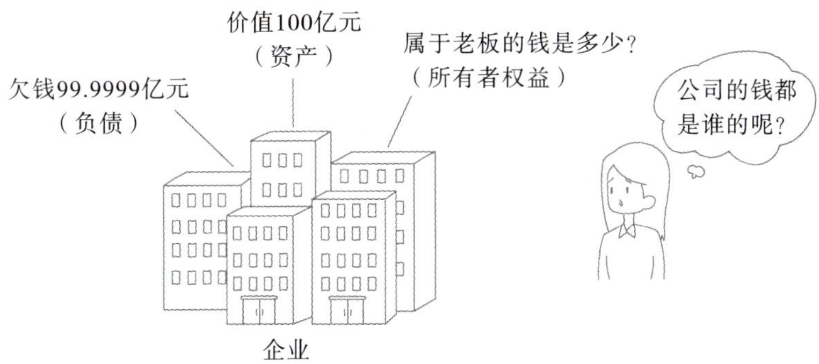

由此推出：资产（100亿元）=负债（99.9999亿元）+所有者权益（0.0001亿元）

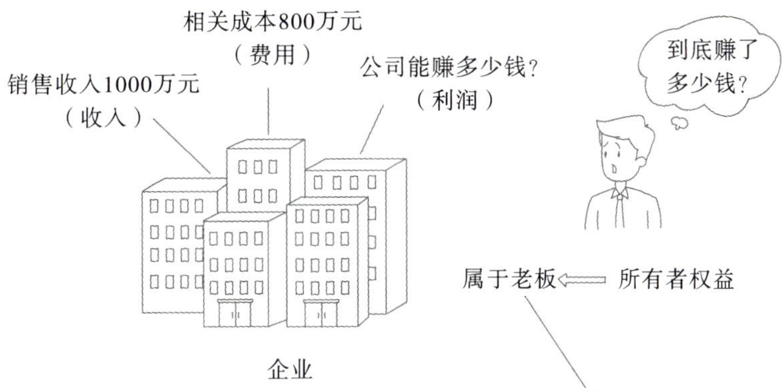

由此推出：收入（1000万元）-费用（800万元）=利润（200万元）

会计要素是根据交易或者事项的经济特征所确定的财务会计对象和基本分类。

会计要素按照其性质分为：

①资产	④收入
②负债	⑤费用
③所有者权益	⑥利润

（一）资产

1. 概念

资产是指企业过去的交易或者事项形成的，由企业拥有或者控制的，预期会给企业带来经济利益的资源。

【提示】报废的设备不属于资产。

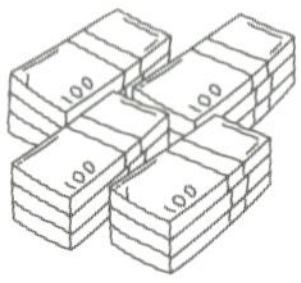

企业挣到的钱

买来的生产材料

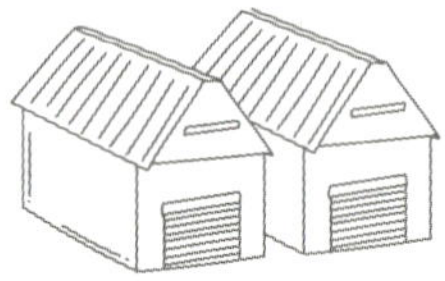

建造的生产车间

2. 特征

（1）资产是由企业过去的交易或者事项形成的；

（2）资产应为企业拥有或者控制的资源；

（3）资产预期会给企业带来经济利益。

3. 确认条件

将一项资源确认为资产，需要符合资产的定义，还应同时满足以下两个条件：

（1）与该资源有关的经济利益很可能流入企业；

（2）该资源的成本或者价值能够可靠地计量。

4. 分类和内容

流动资产	指企业拥有或者控制的预计在一个正常营业周期（1年内）中变现、出售或耗用的资产，如货币资金、交易性金融资产、应收票据、应收账款、其他应收款、存货、合同资产等
非流动资产	指除流动资产以外的资产，如长期应收款、长期股权投资、固定资产、在建工程、无形资产等

牛刀小试　【多选题】下列各项中，符合企业资产定义的有（　　）。

A. 投资者投入的设备

B. 报废的设备

C. 准备购入的设备

D. 已购入但尚在运输途中的设备

【解析】资产是指企业过去的交易或者事项形成的，由企业拥有或者控制的，预期会给企业带来经济利益的资源。选项 B 报废的设备不能给企业带来经济利益，不符合资产定义；选项 C 不是企业过去的交易或者事项形成的。因此选项 B、C 不正确。

【答案】AD

（二）负债

1. 概念

负债是指企业过去的交易或者事项形成的，预期会导致经济利益流出企业的现时义务。

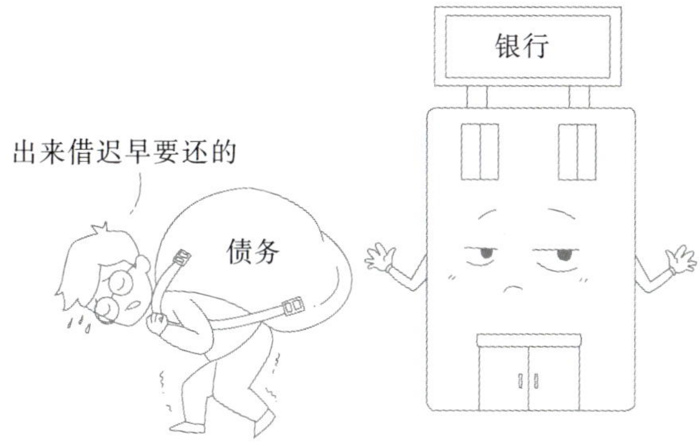

2. 特征

（1）负债是企业承担的现时义务；

（2）负债预期会导致经济利益流出企业；

（3）负债是由企业过去的交易或者事项形成的。

3. 确认条件

将一项现时义务确认为负债，需要符合负债的定义，还需要同时满足以下两个条件：

（1）与该义务有关的经济利益很可能流出企业；

（2）未来流出的经济利益的金额能够可靠地计量。

4. 分类和内容

流动负债	指需要在 1 年或长于 1 年的一个营业周期内偿还的负债，如短期借款、应付票据、应付账款、合同负债、应付职工薪酬、应交税费、其他应付款等
非流动负债	指除流动负债以外的其他负债，如长期借款、应付债券、长期应付款、预计负债等

（三）所有者权益

1. 概念

所有者权益是指企业资产扣除负债后，由所有者享有的剩余权益。公司的所有者权益又称为股东权益。

所有者权益的来源包括：

- 所有者投入的资本
  - 股本或实收资本（注册资本）
  - 资本公积（含股本溢价或资本溢价、其他资本公积）
- 其他综合收益
  - 根据会计准则未在当期损益确认的各项利得和损失
- 留存收益
  - 盈余公积
  - 未分配利润

2. 确认条件

所有者权益体现的是所有者在企业中的剩余权益，因此，所有者权益的确认和计量主要依赖于资产和负债的确认和计量。

所有者权益 = 资产 − 负债

（四）收入

1. 概念

收入是指企业在日常活动中形成的、会导致所有者权益增加的、与所有者投入资本无关的经济利益的总流入。

【辨析】日常活动、非日常活动：

日常活动：日常经营中可预见的活动，如工业企业生产销售货物、发生日常经营管理支出等。

非日常活动：不可预见的、具有偶发性的活动，如捐赠、违约、发生自然灾害等。

2. 特征

（1）收入是企业在日常活动中形成的；

日常活动产生的收入通常包括主营业务收入和其他业务收入，即营业收入。例如，工业企业制造并销售产品及原材料取得的收入。

（2）收入是与所有者投入资本无关的经济利益的总流入；

（3）收入会导致所有者权益的增加。

3. 确认条件

当企业与客户之间的合同同时满足下列条件时，企业应当在客户取得相关商品控制权时确认收入：

（1）合同各方已批准该合同并承诺将履行各自义务；

（2）该合同明确了合同各方与所转让商品或提供劳务相关的权利和义务；

（3）该合同有明确的与所转让商品或提供劳务相关的支付条款；

（4）该合同具有商业实质，即履行该合同将改变企业未来现金流量的风险、时间分布或金额；

（5）企业因向客户转让商品或提供劳务而有权取得的对价很可能收回。

（五）费用

1. 概念

费用是指企业在日常活动中发生的、会导致所有者权益减少的、与向所有者分配利润无关的经济利益的总流出。

2. 特征

（1）费用是企业在日常活动中形成的；

日常活动产生的费用通常包括营业成本（主营业务成本和其他业务成本）、税金及附加、销售费用、管理费用、财务费用等。

（2）费用是与向所有者分配利润无关的经济利益的总流出；

（3）费用会导致所有者权益的减少。

3. 确认条件

费用的确认除了应当符合定义外，还至少应当符合以下条件：

（1）与费用相关的经济利益应当很可能流出企业；

（2）经济利益流出企业的结果会导致资产的减少或者负债的增加；

（3）经济利益的流出额能够可靠计量。

牛刀小试 **【多选题】**下列各项中，符合会计要素费用定义的有（ ）。

A. 企业缴纳办公大楼电费

B. 企业发放销售人员的工资

C. 向投资者分配股利

D. 因污染环境被行政罚款

【解析】费用是与向所有者分配利润无关的经济利益的总流出，选项C错误；选项D属于“营业外支出”核算的范围，即不属于企业的日常经营行为。

【答案】AB

（六）利润

1. 概念

利润是指企业在一定会计期间的经营成果。

利润 >0，企业实现了利润，所有者权益增加；

利润 <0，企业发生了亏损，所有者权益减少。

利润包括：
- 企业日常活动的业绩：收入减去费用后的净额
- 直接计入当期利润的利得和损失等

【辨析】

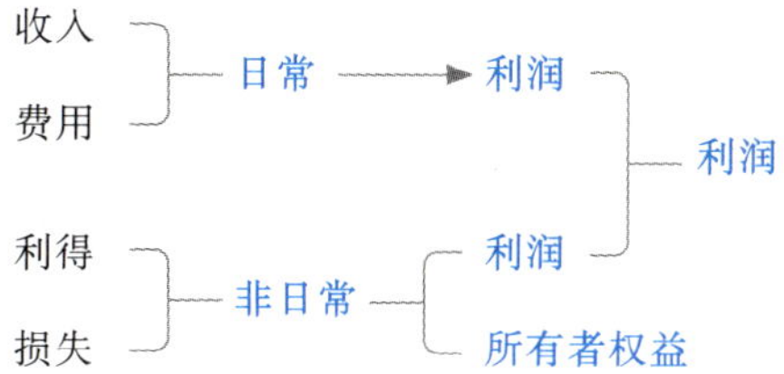

牛刀小试　**【多选题】**下列各项中，影响利润的有（　　）。

A. 产品的销售收入

B. 办公部门发生的电费

C. 因污染环境被处罚的5000元罚款

D. 所有者追加的50万元投资

【解析】（1）选项D影响所有者权益而非利润，因此不选。（2）根据利润包括收入减去费用后的净额，以及直接计入当期利润的利得和损失等，选项A为收入，选项B为费用，选项C为营业外支出，均影响利润，因此选项ABC正确。

【答案】ABC

2. 确认条件

利润的确认主要依赖于收入和费用，以及利得和损失的确认，其金额的确定也主要取决于收入、费用、利得和损失金额的计量。

入门解读　本考点属于重要的基础性内容，虽然所占的分值不高，但为后续学习会计科目、账户、借贷记账法，以及准确把握账务处理奠定了重要的理论基础，考生应掌握六要素的内容并尽量理解其定义、特征、确认条件等。

（1）会计要素与会计科目之间的联系：

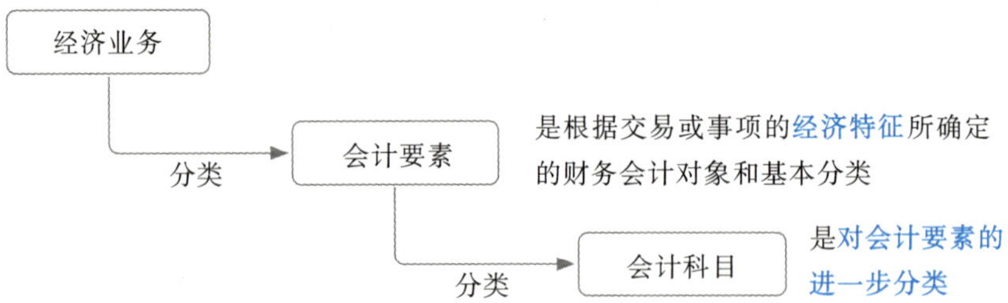

（2）会计要素间的“小团体”：

财务状况

经营成果

考点 2　会计要素计量属性及其应用原则 ★★

计量属性	概念
历史成本	又称实际成本，是指取得或制造某项财产物资时所实际支付的现金或者现金等价物
重置成本	又称现行成本，是指按照当前市场条件，重新取得同样一项资产所需支付的现金或现金等价物金额
可变现净值	指在生产经营过程中，以预计售价减去进一步加工成本和销售所必需的预计税金、费用后的净值
现值	指对未来现金流量以恰当的折现率进行折现后的价值 【提示】考虑货币时间价值
公允价值	指市场参与者在计量日发生的有序交易中，出售一项资产所能收到或者转移一项负债所需支付的价格

牛刀小试　**【单选题】**企业取得或生产制造某项财产物资时所实际支付的现金或者现金等价物属于（　　）。

A. 现值　　B. 重置成本

C. 历史成本　　D. 可变现净值

【解析】历史成本又称实际成本，是指取得或制造某项财产物资时所实际支付的现金或者现金等价物，选项 C 正确。

【答案】C

入门解读　本考点可考性较强，既可单独出题，又是后续会计处理的基础，考生需掌握会计要素计量属性的范围和概念要点，可结合以下【小新点】记忆：

计量属性	小新点
历史成本	原来取得时花的钱
重置成本	现在重新取得一样的需要花的钱
可变现净值	卖出去能拿到的钱 – 为了卖出去花的费用（包括进一步加工成本和销售所必需的预计税金、费用）
现值	未来的钱折合到现在值多少钱
公允价值	市场价

考点3　会计等式 ★★

会计等式又称会计恒等式、会计方程式或会计平衡公式，是表明会计要素之间基本关系的等式。

1. 资产 = 负债 + 所有者权益

这一等式反映了企业在某一特定时点资产、负债和所有者权益三者之间的平衡关系，该等式被称为财务状况等式、基本会计等式或静态会计等式。它是复式记账法的理论基础，也是编制资产负债表的依据。

资产负债表

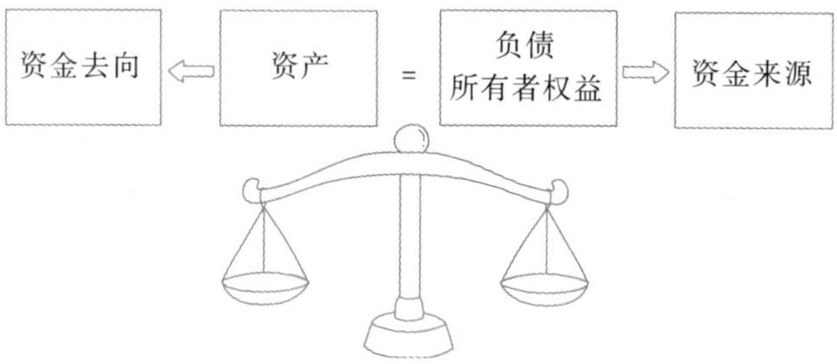

2. 收入 − 费用 = 利润

这一等式反映了企业利润的实现过程，被称为经营成果等式或动态会计等式。收入、费用和利润之间的上述关系，是编制利润表的依据。

牛刀小试　【单选题】关于会计等式，下列表述中不正确的是（　　）。

A. 资产 = 负债 + 所有者权益，是财务状况等式

B. 收入 − 费用 = 利润，是复式记账法的理论基础

C. 资产 = 负债 + 所有者权益，是编制资产负债表的依据

D. 收入 − 费用 = 利润，是动态会计等式

【解析】"资产 = 负债 + 所有者权益"等式，是财务状况等式、基本会计等式或静态会计等式，它是复式记账法的理论基础（选项B错误），也是编制资产负债表的依据；"收入 − 费用 = 利润"等式，是经营成果等式或动态会计等式，是编制利润表的依据。

【答案】B

入门解读　本考点具有一定的可考性，考生应掌握两个等式并尽量对应各等式的名称和相关的报表。

入门三 会计科目与账户、借贷记账法

通过本部分你会了解：

会计科目和账户是一回事吗；

如何编写会计分录。

考点1 会计科目与账户 ★★

（一）会计科目

1. 概念

会计科目简称科目，是对会计要素具体内容进行分类核算的项目，是进行会计核算和提供会计信息的基础。

2. 分类

会计科目可以按反映的经济内容（即所属会计要素）、按提供信息的详细程度及其统驭关系进行分类。

（1）按反映的经济内容分类。

会计科目按其反映的经济内容不同，可分为资产类科目、负债类科目、共同类科目、所有者权益类科目、成本类科目和损益类科目。每一类会计科目可按一定标准再分为若干具体科目。

类别	内容	常见科目
①资产类科目	对资产要素的具体内容进行分类核算的项目	库存现金、银行存款、应收账款、原材料、库存商品、固定资产、无形资产、长期股权投资等
②负债类科目	对负债要素的具体内容进行分类核算的项目	短期借款、应付账款、应付职工薪酬、应交税费、应付利息、长期借款、应付债券等
③共同类科目	既有资产性质又有负债性质的科目	由于不是初级会计专业技术资格考试的范围，故不展开说明
④所有者权益类科目	对所有者权益要素的具体内容进行分类核算的项目	实收资本（或股本）、资本公积、其他综合收益、本年利润、利润分配等
⑤成本类科目	对可归属于产品生产成本、劳务成本等的具体内容进行分类核算的项目	劳务成本、研发支出、制造费用、生产成本等
⑥损益类科目	对收入、费用等要素的具体内容进行分类核算的项目	反映收入的科目主要有主营业务收入、其他业务收入等；反映费用的科目主要有主营业务成本、其他业务成本、销售费用、管理费用、财务费用等

牛刀小试　【单选题】下列各项中，按会计科目反映的经济内容分类，属于成本类科目的是（　　）。

A. 管理费用　　B. 主营业务成本

C. 其他业务成本　　D. 研发支出

【解析】选项 ABC 属于损益类科目。

【答案】D

（2）按提供信息的详细程度及其统驭关系分类。

科目类别	具体内容
总分类科目	又称总账科目或一级科目，是对会计要素的具体内容进行总括分类，提供总括信息的会计科目 【提示】总分类科目一般由财政部统一制定
明细分类科目	又称明细科目，是对总分类科目作进一步分类，提供更为详细和具体会计信息的科目；如果某一总分类科目所辖的明细分类科目较多，可在总分类科目下设置二级明细科目，在二级明细科目下设置三级明细科目 【提示】并不是所有的总分类科目都有明细科目，如“本年利润”

（二）账户

1. 概念

账户是根据会计科目设置的，具有一定格式和结构，用于分类反映会计要素增减变动情况及其结果的载体。

2. 分类（与科目分类一致）

（1）根据核算的经济内容，账户分为资产类账户、负债类账户、共同类账户、所有者权益类账户、成本类账户和损益类账户；

（2）根据提供信息的详细程度及其统驭关系，账户分为总分类账户和明细分类账户。

3. 结构

账户具有一定的结构以用来连续、系统、完整地记录企业经济活动。

由于经济业务发生所引起的各项会计要素的变动，从数量上看不外乎增减两种，账户结构也分为左右两个基本部分，一方登记增加，另一方登记减少。

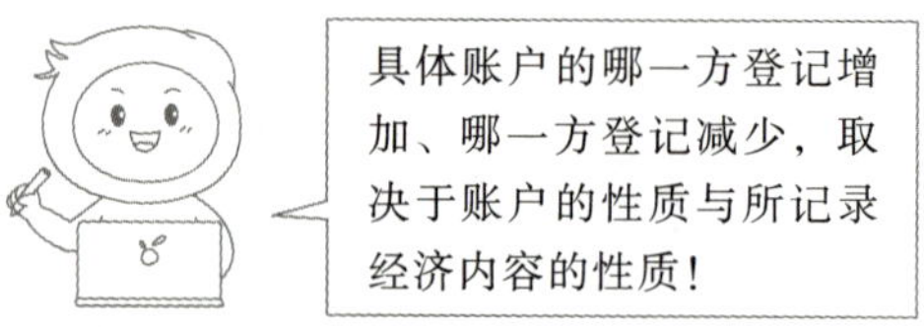

期末余额 = 期初余额 + 本期增加发生额 – 本期减少发生额

入门解读　会计科目是账务处理的基础，应尽量记忆常见会计科目，由于初级会计专业技术资格考试均是选择题，考生虽无须默写会计科目，但应能够准确区分会计科目所属类别。可以采用以下方式快速记忆：

（1）按反映的经济内容分类：

①资产类科目：企业的钱、权、物。

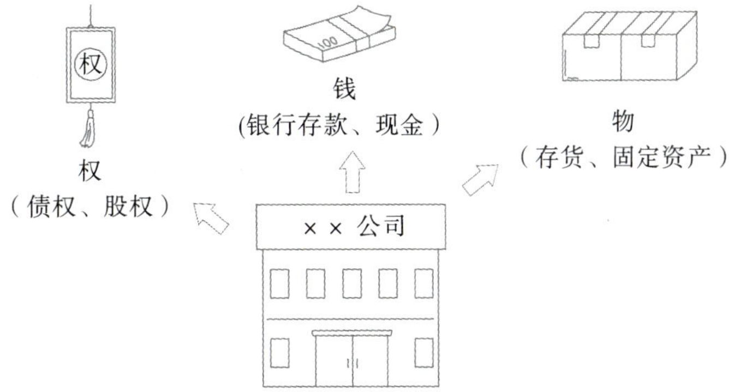

②负债类科目：企业欠谁的钱？

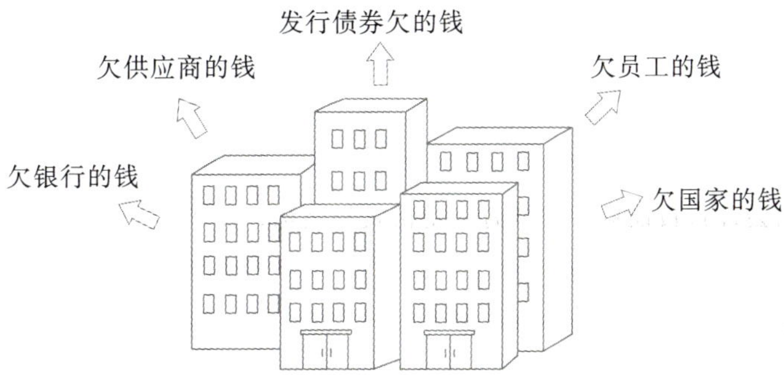

③所有者权益类科目：老板投进企业的、计入所有者权益的损失和利得、赚的利润。

④成本类科目：都知道“研究生”这个词吧？但是没有“研造生”哦——无（劳务成本）研（研发支出）造（制造费用）生（生产成本）。

⑤损益类科目：又分为收入类、费用类，科目中有“收入”“收益”“费用”“损失”“损益”的，一般属于损益类科目（有少数例外）。

（2）按提供信息的详细程度及其统驭关系分类：

可将总分类科目类比为“班级，如二班”，明细分类科目类比为“班级中的同学，如张三、李四、王五、赵六等”。

会计科目和账户是学习账务处理的基础，考生应理解科目与账户的关系，并掌握期末余额的计算方法。

（1）会计科目和账户的关系：

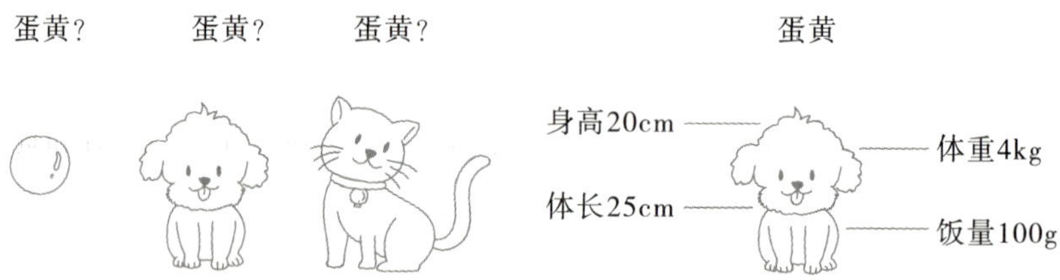

“蛋黄”可能指鸡蛋黄，或小猫、小狗的名字，“蛋黄”只是一个名称，本身不能反映任何事。但如果一只小狗叫“蛋黄”，“蛋黄”就是一个载体，“蛋黄”的身高、体重、体长、饭量等数据及变化都会反映在这只小狗身上。

科目：名称。

账户：载体。

设置会计科目——开设对应账户

（2）期末余额的计算：

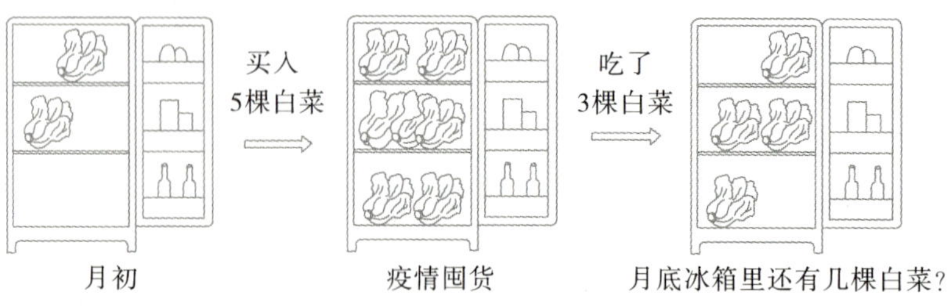

4（期末余额）=2（期初余额）+5（本期增加发生额）–3（本期减少发生额）

考点 2　借贷记账法 ★★

【基础补充】复式记账法

1. 单式记账法和复式记账法

单式记账法：对于每一笔经济业务，只在一个账户中进行登记。

复式记账法：对于每一笔经济业务，都必须用相等的金额在两个或两个以上相互联系的账户中进行登记，全面、系统地反映会计要素增减变化的一种记账方法。

单式记账法：现金 -3 元

复式记账法：现金 -3 元，大白菜 +3 元

2. 分类

复式记账法分为借贷记账法、增减记账法、收付记账法等。

（一）概念

借贷记账法是以“借”和“贷”作为记账符号的一种复式记账法。

【提示】我国会计准则规定，企业、行政单位和事业单位会计核算采用借贷记账法记账。

（二）账户结构

借贷记账法下，账户的左方称为借方，右方称为贷方。所有账户的借方和贷方按相反方向记录增加数和减少数，即一方登记增加额，另一方就登记减少额。

通常情况下，资产类、成本类和费用类账户的增加记“借”方，减少记“贷”方；负债类、所有者权益类和收入类账户的增加记“贷”方，减少记“借”方。

【提示】备抵账户正好相反。（如坏账准备，累计折旧等）

小新点	资成费借加贷减，收负所借减贷加，备抵相反。

1. 资产类和成本类账户的结构

（1）借方登记增加额，贷方登记减少额，期末余额一般在借方。

小新点	① 余额一般在表示增加的一方。 ② “上期期末余额”就是“本期期初余额”。

（2）期末余额计算公式：

期末借方余额 = 期初借方余额 + 本期借方发生额 − 本期贷方发生额

小新点 "增加"正号，"减少"负号。

借方	资产类和成本类账户 贷方
期初余额 本期增加额	本期减少额
本期借方发生额合计	本期贷方发生额合计
期末余额	

2. 负债类和所有者权益类账户的结构

（1）借方登记减少额，贷方登记增加额，期末余额一般在贷方。

（2）期末余额计算公式：

期末贷方余额 = 期初贷方余额 + 本期贷方发生额 − 本期借方发生额

借方	负债类和所有者权益类账户 贷方
本期减少额	期初余额 本期增加额
本期借方发生额合计	本期贷方发生额合计
	期末余额

牛刀小试 **【单选题】**"实收资本"账户的期末余额等于（　　）。（2019年）

A. 期初余额 + 本期借方发生额 + 本期贷方发生额

B. 期初余额 + 本期借方发生额 − 本期贷方发生额

C. 期初余额 − 本期借方发生额 − 本期贷方发生额

D. 期初余额 + 本期贷方发生额 − 本期借方发生额

【解析】实收资本是所有者权益类账户，借方表示减少，贷方表示增加，因此"实收资本"账户的期末余额 = 期初余额 + 本期贷方发生额 − 本期借方发生额。

【答案】D

3. 损益类账户的结构

损益类账户主要包括收入类账户和费用类账户。

（1）收入类账户借方登记减少额，贷方登记增加额，本期收入净额在期末转入"本年利润"账户，用以计算当期损益，结转后无余额。

小新点　损益类科目期末结转后没有余额。

借方	收入类账户	贷方
本期减少额 本期转出额		本期增加额
本期借方发生额合计		本期贷方发生额合计

（2）费用类账户借方登记增加额，贷方登记减少额，本期费用净额在期末转入“本年利润”账户，用以计算当期损益，结转后无余额。

借方	费用类账户	贷方
本期增加额		本期减少额 本期转出额
本期借方发生额合计		本期贷方发生额合计

（三）借贷记账法的记账规则

记账规则是指采用某种记账方法登记具体经济业务时应当遵循的规律。

借贷记账法的记账规则是“有借必有贷，借贷必相等”。

（四）借贷记账法下的账户对应关系与会计分录

1. 账户对应关系

账户对应关系是指采用借贷记账法对每笔交易或事项进行记录时，相关账户之间形成的应借、应贷的相互关系。存在对应关系的账户称为对应账户。

2. 会计分录

会计分录简称分录，是对每项经济业务应借、应贷的账户名称（科目）及其金额的一种记录。会计分录由应借应贷方向、相互对应的科目及其金额三个要素构成。

【提示】在我国，会计分录记载于记账凭证中。

3. 会计分录分为简单会计分录和复合会计分录

（1）简单会计分录指只涉及一个账户借方和另一个账户贷方的会计分录，即一借一贷的会计分录。

举例 / 借：生产成本　　1000

　　贷：原材料　　1000

（2）复合会计分录实际上是由若干简单会计分录复合而成（可以分解），具体由两个以上（不含两个）对应账户组成的会计分录，即一借多贷、多借一贷或多借多贷的会计分录。

举例 /

	会计分录	金额
一借多贷	借：银行存款 贷：主营业务收入 应交税费——应交增值税（销项税额）	11300 10000 1300
多借一贷	借：固定资产 应交税费——应交增值税（进项税额） 贷：实收资本	80000 10400 90400
多借多贷	借：银行存款 应收账款 贷：主营业务收入 应交税费——应交增值税（销项税额）	2000 9300 10000 1300

入门解读 本考点为重要的基础内容，考生应掌握借贷记账法的账户结构和记账规则，并对会计分录有初步了解，为后续会计处理的学习打好基础。

账户结构是后续进行会计处理的重要基础铺垫，考生可结合以下总结内容进行记忆：

<table>
<tr><th colspan="2">账户性质</th><th>账户结构</th><th>期末余额</th><th>期末余额计算</th></tr>
<tr><td colspan="2">资产类
成本类</td><td>借加贷减</td><td rowspan="2">期末余额一般在表示增加的一方</td><td>期末借方余额 = 期初借方余额 + 本期借方发生额 - 本期贷方发生额</td></tr>
<tr><td colspan="2">负债类
所有者权益类</td><td>贷加借减</td><td>期末贷方余额 = 期初贷方余额 + 本期贷方发生额 - 本期借方发生额</td></tr>
<tr><td rowspan="2">损益类</td><td>收入类</td><td>贷加借减</td><td rowspan="2">期末结转入“本年利润”账户计算当期损益，结转后无余额</td><td rowspan="2">—</td></tr>
<tr><td>费用类</td><td>借加贷减</td></tr>
</table>

进一步学习建议

拿到“轻松过关®1”后，考生需要对会计概念、职能和目标，会计基本假设和会计基础，会计信息质量要求，会计要素及其确认与计量，会计科目和借贷记账法，以及其他基础性考点进行深入学习，重点关注会计职能的内容及关系，会计信息质量要求常见举例，会计要素的内容及确认、会计等式的原理，会计科目及账户的分类和常见科目、借贷记账法的基本规则和运用等。在学习过程中，听一遍基础班的课程，并利用“轻松过关®1”中的相关习题进行巩固。

扫码听课

专题先学篇

专题一　货币资金

本专题属于常考内容，考试中常以选择题和判断题的形式出现，考查方向主要为库存现金的清查以及其他货币资金的范围，同时本专题也是后续学习会计处理的基础。考生应全面掌握“库存现金”“银行存款”“其他货币资金”的内容。

通过本专题你会了解：

什么情况下可以用现金，现金是想用就能用的吗；
清查时现金多了或少了怎么办；
其他货币资金都包括什么。

专题小词典

货币资金

指企业生产经营过程中处于货币形态的资产，属于企业的一种金融资产。货币资金包括库存现金、银行存款和其他货币资金。

待处理财产损溢

属于过渡性科目，在进行现金清查时，如发现有待查明原因的现金短缺或现金溢余，会先通过此科目核算。

银行汇票

指由出票银行签发的，由其在见票时按照实际结算金额无条件支付给收款人或者持票人的票据。

银行本票

指银行签发的，承诺自己在见票时无条件支付确定的金额给收款人或持票人的票据。

单位信用卡

单位信用卡是银行卡的一种。凡在中国境内金融机构开立基本存款账户的单位可申领单位卡。

信用证

指银行（包括政策性银行、商业银行、农村合作银行、村镇银行和农村信用社）依照申请人的申请开立的、对相符交单予以付款的承诺。它是以人民币计价、不可撤销的跟单信用证。信用证的开立和转让，应当具有真实的贸易背景，适用于银行为国内企事业单位之间货物和服务贸易提供的信用证服务。

考点 1　库存现金 ★★★

考点导学　库存现金是指存放于企业财会部门、由出纳人员经管的货币。

（一）现金的管理制度

1. 现金的使用范围

企业可用现金支付的款项：

（1）职工工资、津贴；

（2）个人劳务报酬；

（3）根据国家规定颁发给个人的科学技术、文化艺术、体育比赛等各种奖金；

（4）各种劳保、福利费用以及国家规定的对个人的其他支出；

（5）向个人收购农副产品和其他物资的价款；

（6）出差人员必须随身携带的差旅费；

（7）结算起点（1000 元）以下的零星支出；

（8）中国人民银行确定需要支付现金的其他支出。

小新点　6“人”+ 零星支出 + 其他。

除企业可以现金支付的款项中的第（5）项和第（6）项外，开户单位支付给个人的款项，超过使用现金限额的部分，应当以支票或者银行本票等方式支付；确需全额支付现金的，经开户银行审核后，予以支付现金。

2. 现金的限额

现金的限额是指为了保证单位日常零星开支的需要，允许单位留存现金的最高数额：

（1）一般为单位 3~5 天日常零星开支；

（2）边远地区和交通不便地区的开户单位，可按多于 5 天，但不得超过 15 天的日常零星开支的需要确定。

（二）现金的账务处理

1. 科目设置

企业应当设置“库存现金”科目，属于资产类科目，借方登记增加额，贷方登记减少额，期末余额在借方，反映期末企业实际持有的库存现金的金额。

库存现金

增加	减少
期末企业实际持有的库存现金的金额	

2. 账务处理

收到现金	借：库存现金 　贷：主营业务收入等
支付现金	借：原材料等 　贷：库存现金

（三）现金的清查

为了保证现金的安全完整，企业应当按规定对库存现金进行定期和不定期的清查。一般采用实地盘点法。

如果账面上应有的现金金额与库存现金实有金额不符，即存在溢余或短缺的情况，应先通过“待处理财产损溢”科目核算，经批准后再作出最后的处理。

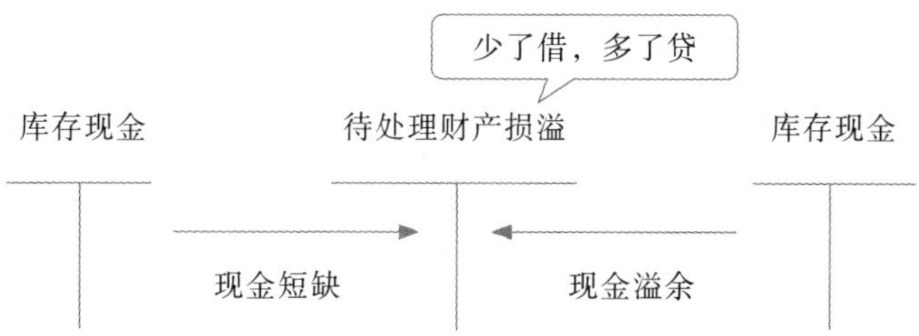

短缺时	借：待处理财产损溢 　贷：库存现金	**经批准后**	借：其他应收款（应由责任方赔偿的部分） 　　管理费用（无法查明原因的部分） 　贷：待处理财产损溢

溢余时	借：库存现金 　贷：待处理财产损溢	经批准后	借：待处理财产损溢 　贷：其他应付款（应支付给有关人员或单位的部分） 　　营业外收入（无法查明原因的部分）

考点解读　对于现金清查，考生需准确把握会计处理。

（1）可将“待处理财产损溢”看作“中转站”：

①如实有现金金额大于账面金额，则为“现金溢余”（多了），先记入“待处理财产损溢”科目的贷方；

②如实有现金金额小于账面金额，则为“现金短缺”（少了），先记入“待处理财产损溢”科目的借方。

可简单记忆：“待处理财产损溢”少了借、多了贷。

（2）经过批准后，按以下情形进行会计处理：

情形	原因	小新点	账务处理
现金短缺	应由责任方赔偿的部分	有人赔，记得要回来	其他应收款
	无法查明原因的部分	没管好	管理费用
现金溢余	应支付给有关人员或单位的部分	少给别人的，记得还人家	其他应付款
	无法查明原因的部分	天上掉馅饼	营业外收入

牛刀小试　**【单选题】**下列各项中，企业已记入“待处理财产损溢”科目且无法查明原因的现金盘盈，按管理权限批准后应转入的会计科目是（　　）。（2021年）

A. 其他综合收益　　B. 其他业务收入

C. 其他收益　　D. 营业外收入

【解析】现金盘盈（溢余），相关账务处理为：

报经批准前：

借：库存现金

　贷：待处理财产损溢

按管理权限批准后：

借：待处理财产损溢

　贷：其他应付款（应支付给有关人员或单位的部分）

　　营业外收入（无法查明原因的部分）

【答案】D

【多选题】下列各项中，关于企业现金溢余的会计处理表述正确的有（　　）。（2018年）

A. 无法查明原因的现金溢余计入营业外收入

B. 应支付给有关单位的现金溢余计入其他应付款

C. 无法查明原因的现金溢余冲减管理费用

D. 应支付给有关单位的现金溢余计入应付账款

【解析】无法查明原因的现金溢余计入营业外收入，选项 A 正确、选项 C 错误；应支付给有关单位的现金溢余计入其他应付款，选项 B 正确、选项 D 错误。

【答案】AB

考点 2　银行存款 ★

考点导学　银行存款是企业存放在银行或其他金融机构的货币资金。

（一）科目设置

企业应当设置“银行存款”科目，属于资产类科目，借方登记增加额，贷方登记减少额，期末余额在借方，反映期末企业实际持有的银行存款的金额。

（二）账务处理

企业将款项存入银行或其他金融机构时	借：银行存款 　贷：库存现金等
提取或支付已存入银行或其他金融机构存款时	借：库存现金等 　贷：银行存款

考点解读　本考点需掌握银行存款的基础账务处理。

考点 3　其他货币资金 ★★★

考点导学　其他货币资金是指企业除库存现金、银行存款以外的其他各种货币资金，主要包括银行汇票存款、银行本票存款、信用卡存款、信用证保证金存款、存出投资款和外埠存款等。

（一）其他货币资金的内容

银行汇票存款	指企业为取得银行汇票按照规定存入银行的款项
银行本票存款	指企业为了取得银行本票按规定存入银行的款项
信用卡存款	指企业为取得信用卡而存入银行信用卡专户的款项
信用证保证金存款	指采用信用证结算方式的企业为开具信用证而存入银行信用证保证金专户的款项
存出投资款	指企业为购买股票、债券、基金等根据有关规定存入在证券公司指定银行开立的投资款专户的款项
外埠存款	指企业为了到外地进行临时或零星采购，而汇往采购地银行开立采购专户的款项

（二）科目设置

企业应当设置“其他货币资金”科目，属于资产类科目，借方登记增加额，贷方登记减少额，期末余额在借方，反映企业实际持有的其他货币资金的金额。

其他货币资金的内容	对应二级科目（一级科目为“其他货币资金”）
银行汇票存款	银行汇票
银行本票存款	银行本票
信用卡存款	信用卡
信用证保证金存款	信用证保证金
存出投资款	存出投资款
外埠存款	外埠存款

考点解读 本考点具有较强的可考性，考查方向主要是其他货币资金的范围，且常与商业汇票、支票内容混合考查。

（1）六类其他货币资金可以通过口诀进行记忆：“两银两信投外埠”：

“两银”银行汇票存款、银行本票存款。

“两信”信用卡存款、信用证保证金存款。

“投”存出投资款。

“外埠”外埠存款。

（2）商业汇票、支票不通过“其他货币资金”科目核算：

收到商业汇票通过“应收票据”科目核算，开出商业汇票通过“应付票据”科目核算；收到或开出支票通过“银行存款”科目核算。

牛刀小试 **【单选题】**下列各项中，企业应通过“其他货币资金”科目核算的经济业务是（ ）。（2019年）

A. 销售商品收到银行承兑汇票

B. 委托银行代为支付电话费

C. 开出转账支票支付购买办公设备款

D. 为购买股票将资金存入证券公司确定的投资款专户

【解析】选项A，通过“应收票据”科目核算，选项BC，通过“银行存款”科目核算。其他货币资金是指企业除库存现金、银行存款以外的其他各种货币资金，主要包括银行汇票存款、银行本票存款、信用卡存款、信用证保证金存款、存出投资款（选项D）和外埠存款等。

【答案】D

【单选题】下列各项中，不会引起其他货币资金发生变动的是（ ）。

A. 企业销售商品收到商业汇票

B. 企业用银行本票购买办公用品

C. 企业将款项汇往外地开立采购专用账户

D. 企业为购买基金将资金存入在证券公司指定银行开立账户

【解析】选项 A，通过“应收票据”科目核算，不会引起其他货币资金发生增减变动。选项 B、C、D 分别涉及银行本票、外埠存款、存出投资款，会引起其他货币资金发生增减变动。

【答案】A

专题复盘

- 货币资金
  - 库存现金
    - 现金的使用范围：6“人”+零星支出+其他
    - 现金的限额：3、5、15（天数）
    - 现金清查的会计处理：先“待处理财产损溢”。批准后：短缺——有人赔（其他应收款）、无法查明原因（管理费用）；溢余——应付给谁（其他应付款）、无法查明原因（营业外收入）
  - 银行存款
  - 其他货币资金
    - 银行汇票存款
    - 银行本票存款
    - 信用卡存款
    - 信用证保证金存款
    - 存出投资款
    - 外埠存款
    - （无商业汇票、支票）

进一步学习建议

拿到“轻松过关®1”后，考生需要对货币资金考点进行深入学习，重点关注现金清查的会计处理、其他货币资金的范围及账务处理等内容。在学习过程中，听一遍基础班的课程，并利用“轻松过关®1”中的相关习题进行巩固。

扫码听课

10%

专题学习进度

专题二　应收账款及应收款项减值

本专题可考性较强，考试中既可以以选择题形式出现，也可结合收入内容在不定项当中考查。考生应重点把握应收账款的核算范围、确认金额、账务处理，以及应收款项减值的账务处理和相关计算。

通过本专题你会了解：

应收账款的核算内容有哪些；

应收款项可能收不回来怎么办，坏账准备怎么计提。

专题小词典

应收及预付款项

指企业在日常生产经营过程中发生的各项债权，包括应收款项和预付款项。应收款项包括应收票据、应收账款、应收股利、应收利息和其他应收款等；预付款项是指企业按照合同规定预付的款项，如预付账款等。

预期信用损失

指以发生违约的风险为权重的金融工具信用损失的加权平均值。

信用减值损失

指企业计提各项金融资产信用减值准备所确认的信用损失，其对应科目是坏账准备。

考点 1　应收账款 ★★★

考点导学　应收账款是指企业因销售商品、提供服务等经营活动，应向购货单位或接受服务单位收取的款项。

（一）应收账款核算范围

应收账款的入账价值包括企业销售商品、提供服务等应从购货单位或接受服务单位收取的合同或协议价款、增值税销项税额，以及代购货单位垫付的包装费、运杂费等。

（二）应收账款的账务处理

1. 科目设置

企业应设置“应收账款”科目，属于资产类科目，借方登记应收账款的增加，贷方登记应收账款的收回及确认的坏账损失，期末余额一般在借方，反映企业尚未收回的应收账款。

应收账款

增加	收回及确认的坏账损失
企业尚未收回的应收账款	

2. 账务处理

（1）发生应收账款（赊销）时	借：应收账款 　贷：主营业务收入（价） 　　应交税费——应交增值税（销项税额）（税） 　　银行存款等（代垫款项，费）
（2）收到款项时	借：银行存款等 　贷：应收账款

考点解读

本考点可考性较强，既可以通过选择题考查应收账款初始入账金额的计算，也可以考查应收账款的核算范围及账务处理，需要全方位掌握。

（1）应收账款的核算范围可以记为：应收账款 = 价 + 费（代垫）+ 税（增值税）。

“价”合同或协议约定的价款。

“费”为对方代垫的各种费用。

“税”增值税销项税额。

（2）从本考点开始，后续学习的会计处理中经常会出现“增值税”的内容，具体的增值税法律制度详见“经济法基础”部分，此处补充抢先学中会计部分“增值税”的处理：

纳税人分类	常见账务处理
一般纳税人（适用一般计税方法时：应交增值税 = 销项税额 - 进项税额，进项税额可以抵扣）	借：原材料等 　　应交税费——应交增值税（进项税额） 　贷：银行存款等 【提示】确认可以抵扣的进项税额会导致要交的税减少，即“应交税费”（负债类科目）减少，记借方

纳税人分类	常见账务处理
一般纳税人 （适用一般计税方法时：应交增值税 = 销项税额 - 进项税额，进项税额可以抵扣）	借：银行存款等 　贷：主营业务收入等 　　　应交税费——应交增值税（销项税额） 【提示】确认销项税额会导致要交的税增加，即“应交税费”（负债类科目）增加，记贷方
小规模纳税人 （适用简易计税方法，“进项税额”不可抵扣）	借：银行存款等 　贷：主营业务收入等 　　　应交税费——应交增值税 【提示】由于简易计税方法下“进项税额”不可抵扣，计入成本无须单独确认，因此不区分“进项税额”和“销项税额”，无三级明细科目

牛刀小试

【单选题】甲公司为增值税一般纳税人，向乙公司销售商品一批，商品价款 20 万元、增值税税额 2.6 万元；以银行存款支付代垫运费 1 万元、增值税税额 0.09 万元，上述业务均已开具增值税专用发票，全部款项尚未收到。不考虑其他因素，甲公司应收账款的入账金额为（　　）万元。（2020 年）

A. 21　　B. 22.6　　C. 23.69　　D. 20

【解析】应收账款的入账金额 =20+2.6+1+0.09=23.69（万元）。

【答案】C

【单选题】企业销售商品代购货单位垫付的包装费、运杂费应计入的会计科目是（　　）。（2015 年）

A. 销售费用　　B. 原材料

C. 应收账款　　D. 管理费用

【解析】应收账款主要包括企业销售商品或提供服务等应向有关债务人收取的价款、增值税及代购货单位垫付的包装费、运杂费等，选项 C 正确。

【答案】C

考点 2　应收款项减值 ★★★

考点导学

企业的各项应收款项，可能会因债务人拒付、破产、死亡等信用缺失原因而使部分或全部无法收回。这类无法收回的应收款项通常称为坏账。企业因坏账而遭受的损失称为坏账损失。

应收款项减值有两种核算方法，即直接转销法和备抵法。

【提示】我国企业会计准则规定，应收款项减值的核算应采用备抵法。小企业会计准则规定，应收款项减值采用直接转销法。

（一）直接转销法

1. 基本思路

采用直接转销法时，日常核算中应收款项可能发生的坏账损失不进行会计处理，只有在实际发生坏账时，才作为坏账损失计入当期损益。

2. 账务处理

按照小企业会计准则规定确认应收账款实际发生坏账损失时：

借：银行存款等（可收回的金额）

　　营业外支出——坏账损失（差额）

　贷：应收账款等

（二）备抵法

1. 基本思路

采用备抵法时，按一定的方法按期确定预期信用损失，计入当期损益，作为坏账准备，待坏账实际发生时，冲销已计提的坏账准备和相应的应收款项。

实务中通常按照应收款项的账面余额和预计可收回金额的差额确定预期信用减值损失。

小新点　预期信用减值损失 = 应收金额 – 可收回金额

2. 账务处理

（1）科目设置。

企业应当设置“坏账准备”科目、“信用减值损失”（损益类）科目。

“坏账准备”为资产类备抵科目，核算应收款项的坏账准备计提、转销等事项。“坏账准备”科目的贷方登记当期计提的坏账准备、收回已转销的应收账款而恢复的坏账准备，借方登记实际发生的坏账损失金额和冲减的坏账准备金额，期末贷方余额，反映企业已计提但尚未转销的坏账准备。

坏账准备

借方	贷方
实际发生的坏账损失金额、冲减的坏账准备	当期计提的、收回已转销的应收账款而恢复的坏账准备
	已计提但尚未转销的坏账准备

（2）计算当期应计提的坏账准备。

当期应计提的坏账准备 = 当期按应收款项计算的坏账准备金额 –（或 +）“坏账准备”科目的贷方（或借方）余额

（3）账务处理。

情形	账务处理
①计提或冲减坏账准备	前公式计算结果为正数——当前坏账准备不足——计提或补提： 借：信用减值损失 　贷：坏账准备 前公式计算结果为负数——当前坏账准备多了——冲减： 借：坏账准备 　贷：信用减值损失
②转销坏账	企业确实无法收回的应收款项按管理权限报经批准后作为坏账转销时，应当冲减已计提的坏账准备： 借：坏账准备 　贷：应收账款等
③收回已确认坏账并转销应收款项	第一步：撤销坏账： 借：应收账款等 　贷：坏账准备 第二步：收回账款： 借：银行存款 　贷：应收账款等

考点解读 本考点具有较强的可考性，以往年度多次考查，考生应重点把握备抵法下应收款项减值的计算以及账务处理。考生可以结合以下内容进一步理解：

（1）计算当期应计提的坏账准备：

当期应计提的坏账准备 = 当期期末应有的坏账准备余额 − 已计提的坏账准备金额

> **小新点** 当期还要提的金额 = 当期应有的 − 已提的，结果大于 0 计提或补提坏账准备，结果小于 0 冲减多提的坏账准备。

举例 / 假设企业期末应收款项余额为 1000 万元，企业按 2% 的比例计提坏账准备，区分以下情况，计算应计提的坏账准备金额：

①坏账准备账户无余额：

当期还要提的金额 = 当期应有的 − 已提的 =1000×2%−0=20（万元），应计提坏账准备金额 20 万元。

②坏账准备账户已有贷方余额 8 万元：

当期还要提的金额 = 当期应有的 − 已提的 =1000×2%−8=12（万元），应计提坏账准备金额 12 万元。

③坏账准备账户已有贷方余额 28 万元：

当期还要提的金额 = 当期应有的 − 已提的 =1000×2%−28=−8（万元），

应“冲减”坏账准备金额 8 万元。

④坏账准备账户已有借方余额 3 万元：

当期还要提的金额 = 当期应有的 – 已提的 =1000 × 2%–（–3）=23（万元），应计提坏账准备金额 23 万元。

其中，“当期按应收账款计算的坏账准备金额”，即为“当期期末应有的坏账准备金额”，通常为题目已知条件，有时也可表述为“本期预期信用减值损失金额”。

（2）备抵法下应收款项减值的会计处理思路：

①计提坏账准备，当期还要提的金额 = 当期应有的 – 已提的；

②发生坏账，冲减坏账准备；

③收回坏账，反冲②，正常收款。

（3）应收账款账面价值 = 应收账款的账面余额 – 坏账准备

牛刀小试

【单选题】下列各项中，企业计提坏账准备应记入的会计科目是（　　）。（2021 年）

A. 资产减值损失　　B. 管理费用

C. 营业外支出　　D. 信用减值损失

【解析】相关账务处理为：

借：信用减值损失

　贷：坏账准备

【答案】D

【判断题】备抵法下，转销无法收回的应收账款，应冲减坏账准备和应收账款。（　　）（2020 年）

【解析】备抵法下，转销无法收回的应收账款的会计分录为：

借：坏账准备

　贷：应收账款

【答案】√

【单选题】某企业年初“坏账准备”科目的贷方余额为 20 万元，本年收回上年已确认为坏账的应收账款 5 万元，经减值测试并确定“坏账准备”科目年末贷方余额应为 30 万元。不考虑其他因素，该企业年末应计提的坏账准备为（　　）万元。（2018 年）

A. 5　　B. 10

C. 15　　D. 30

【解析】本年收回上年已确认为坏账的应收账款 5 万元，会计分录为：

借：应收账款　　5

　贷：坏账准备　　5

借：银行存款　　5

　贷：应收账款　　5

此时坏账准备贷方金额 =20+5=25（万元），因年末“坏账准备”科目贷方余额应为 30 万元，故年末应计提坏账准备金额 =30−25=5（万元）。

【答案】 A

专题复盘

- 应收账款及应收款项减值
  - 应收账款：价 + 费（代垫）+ 税（增值税）
  - 应收款项减值
    - ①计提坏账准备，当期还要提的金额 = 当期应有的 − 已提的
    - ②发生坏账，冲减坏账准备
    - ③收回坏账，反冲②，正常收款

进一步学习建议

拿到“轻松过关®1”后，考生需要对应收及预付款项考点进行深入学习，重点关注应收票据、应收账款、应收款项减值的会计处理，以及其他应收款的核算范围等内容。在学习过程中，听一遍基础班的课程，并利用“轻松过关®1”中的相关习题进行巩固。

扫码听课

20%

专题学习进度

专题三　存　货

互助群 · 23 年「东奥初级抢学群」

打开微信扫描右方二维码，加入学习社群，畅享多维服务。

· 严选资料　· 考点巩固　· 每日一练　· 陪伴督学

本专题是考试中的重点内容，可以以各种形式出题，并且可以从理论、计算、账务处理等多角度考查，考生需全面掌握。

↘　通过本专题你会了解：

存货的含义；
不同方式取得的存货成本构成有何不同；
原材料相关账务处理怎么做；
什么是库存商品；
存货清查与现金清查的区别。

专题小词典

存货

指企业在日常活动中持有以备出售的产品或商品、处在生产过程中的在产品、在生产过程或提供劳务过程中储备的材料或物料等。企业的存货通常包括各类材料、在产品、半成品、产成品、商品以及周转材料、委托代销商品等。

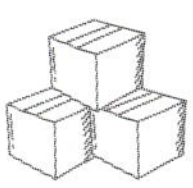

制造费用

指企业为生产产品而发生的各项间接费用。制造费用包括车间物料消耗，车间管理人员的薪酬，车间管理用房屋和设备的折旧费、租赁费和保险费，车间管理用具摊销，车间管理用的照明费、水费、取暖费、劳动保护费、设计制图费、试验检验费、差旅费、办公费以及季节性及修理期间停工损失等。（生产车间消耗 ××、车间管理消耗 ××）

生产成本

指生产活动的成本，即企业为生产产品而发生的成本，包括直接材料费、直接人工工资、其他直接费用以及分配转入的间接费用。

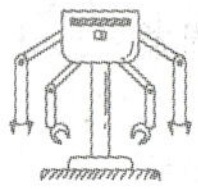

直接人工

指企业在生产产品过程中发生的直接从事产品生产人员的职工薪酬。

考点 1 存货的初始计量 ★★★

考点导学 企业取得存货应当按照成本计量。存货成本包括采购成本、加工成本和其他成本以及自制存货成本等。

（一）存货的采购成本

企业的外购存货主要包括原材料和商品。

存货采购成本 = 购买价款 + 运杂费（运输费、装卸费、保险费）+ 按规定应计入存货成本的税费（不可抵扣的税）+ 其他可归属于存货采购成本的费用（含运输途中的合理损耗、入库前的挑选整理费用）

小新点 外购成本 = 价 + 费 + 税（不可抵扣的税）

其他可归属于存货采购成本的费用是指采购成本中除购买价款和相关税费以外的可归属于存货采购的费用，如在存货采购过程中发生的仓储费、包装费、运输途中的合理损耗、入库前的挑选整理费用等。

运输途中的合理损耗是指商品在运输过程中，因商品性质、自然条件及技术设备等因素，所发生的自然的或不可避免的损耗。

（二）加工取得存货的成本

（1）企业通过进一步加工取得的存货，主要包括产成品、在产品、半成品、委托加工物资等，其成本由采购成本、加工成本构成。

存货的加工成本是指在存货的加工过程中发生的追加费用，包括直接人工以及按照一定方法分配的制造费用。

存货的加工成本 = 直接人工 + 制造费用

（2）企业委托外单位加工完成的存货，包括加工后的原材料、包装物、低值易耗品、半成品、产成品等。

委托外单位加工完成的存货成本 = 实际耗用的原材料或半成品 + 加工费 + 装卸费 + 保险费 + 委托加工的往返运输费 + 按规定应计入存货成本的税费（不可抵扣的税）

（三）存货的其他成本

除采购成本、加工成本以外的，使存货达到目前场所和状态所发生的其他支出。例如，产品设计费用：

设计费用情形	会计处理
一般情况下的设计费用	计入当期损益
为特定客户设计产品发生且可直接认定的设计费用	计入存货成本

（四）企业自制存货的成本

企业自制的存货包括自制原材料、自制包装物、自制低值易耗品、自制半成品及库存商品等。

自制存货成本 = 直接材料 + 直接人工 + 制造费用

（五）下列费用不应计入存货成本，而应在其发生时计入当期损益

（1）非正常消耗的直接材料、直接人工和制造费用，应在发生时计入当期损益，不应计入存货成本，如自然灾害导致的损失。

（2）入库后的仓储费用（非为达到下一生产阶段所必需的）。

（3）不能归属于使存货达到目前场所和状态的其他支出，应在发生时计入当期损益，不得计入存货成本。

考点解读 本考点属于常考点，考生需重点把握采购和加工取得的存货成本的计算，并能够准确区分不同支出是否可以计入成本。

（1）存货的采购成本应包括运输途中的合理损耗。

从计算角度看，价款中已包含合理损耗的部分，不可重复加计或减计。

举例 / 张三花 10 元购买 5 个苹果（每个单价 2 元），在回家的途中一个苹果被挤烂（为合理损耗）。张三买苹果一共花费多少钱？

一共花费 10 元。一个苹果被挤烂，但是其价格（2 元）已包含在购买价款（10 元）中，不能因为挤烂了而加计 2 元（实际支付 10 元而非 12 元），同时也不能减 2 元（购买价款中应包含合理损耗）。

（2）增值税进项税额是否计入存货成本：

纳税人类型	会计处理
一般纳税人	可以抵扣（专用发票），不能计入成本，应借记“应交税费——应交增值税（进项税额）”科目
小规模纳税人	不可抵扣，应计入存货成本

（3）相关税费是否计入存货成本：

序号	项目	是否计入存货成本
①	进口关税、不可抵扣的消费税、资源税、不能抵扣的增值税进项税额、教育费附加等	√
②	自然灾害等原因造成的原材料的净损失	× （计入营业外支出）
③	为特定客户设计产品发生的可直接确定的设计费	√ （正常产品设计费计入当期损益）
④	运输途中的合理损耗	√
⑤	存货入库后发生的仓储费用（非生产必需的）	× （计入管理费用）

其中，仓储费用在不同情况下的会计处理可能不同：

情形		会计处理
入库前		计入存货成本
入库后	存货采购入库后发生的仓储费用	计入当期损益
	在生产过程中为达到下一个生产阶段所必需的	计入存货成本

牛刀小试　**【多选题】**下列各项中，应计入企业存货成本的有（　　）。（2018 年）

A. 存货加工过程中发生的直接成本

B. 为特定客户设计产品的可直接确定的设计费用

C. 购买存货时支付的进口关税

D. 存货采购运输中发生的定额内合理损耗

【解析】存货成本包括采购成本、加工成本和其他成本以及自制存货成本等。选项 A，存货加工过程中发生的直接成本属于存货的加工成本；选项 B，企业为特定客户设计产品所发生的、可直接确定的设计费用属于存货的其他成本；选项 C，购买存货时支付的进口关税属于存货的采购成本；选项 D，存货采购运输中发生的定额内合理损耗属于存货的采购成本。

【答案】ABCD

【单选题】某企业为增值税一般纳税人，2019 年 9 月购入一批原材料，增值税专用发票上注明的价款为 50 万元，增值税税额为 6.5 万元。款项已经支付。另以银行存款支付装卸费 0.3 万元（不考虑增值税）。入库时发生挑选整理费 0.2 万元。运输途中发生合理损耗 0.1 万元。不考虑其他因素。该批原材料的入账成本为（　　）万元。（2017 年）

A. 50.5　　B. 59　　C. 50.6　　D. 50.4

【解析】存货的采购成本包括购买价款、运输费、装卸费、保险费以及其他可归属于存货采购成本的费用。本题中原材料的入账成本 =50+0.3+0.2=50.5（万元）。

【答案】A

考点 2 原材料 ★★★

考点导学 原材料是指企业在生产过程中经过加工改变其形态或性质并构成产品主要实体的各种原料及主要材料、辅助材料、外购半成品（外购件）、修理用备件（备品备件）、包装材料、燃料等。

原材料的日常收入、发出及结存可以采用实际成本核算，也可以采用计划成本核算。

（一）实际成本和计划成本

采用实际成本核算，材料的收入、发出及结存均按照实际成本计价。

采用计划成本核算，材料的收入、发出及结存均按照计划成本计价。

【提示】计划成本 + 差异 = 实际成本

举例 / 小新计划花 100 元为自己买一条连衣裙，实际花费 120 元：

计划成本 100 元 < 实际成本 120 元，超支差异（花超了）20 元。

计划成本 100 元 + 差异 20 元 = 实际成本 120 元。

（二）采用实际成本核算

1. 科目设置

企业主要应设置的会计科目有“原材料”“在途物资”“应付账款”等。

（1）“原材料”科目。

原材料属于资产类科目，用于核算企业库存各种材料的收入、发出与结存情况，借方登记增加额，贷方登记减少额。

原材料

入库材料的实际成本	发出材料的实际成本
库存材料的实际成本	

（2）“在途物资”科目。

在途物资属于资产类科目，用于核算企业采用实际成本进行材料、商品等物资的日常核算、价款已付尚未验收入库的各种物资的采购成本，借方登记增加额，贷方登记减少额。

在途物资

购入的在途物资的实际成本	验收入库的在途物资的实际成本
在途物资的采购成本	

（3）“应付账款”科目。

应付账款属于负债类科目，用于核算企业因购买材料、商品和接受服务等经营活动应支付的款项，借方登记减少额，贷方登记增加额。

应付账款

支付的应付账款	尚未支付的款项
	尚未支付的应付账款

2. 账务处理

（1）购入环节。

①材料已验收入库（货已到）：

借：原材料

　　应交税费——应交增值税（进项税额）

　贷：银行存款（款项已经支付）

　　　应付账款（款项尚未支付）

②材料尚未到达或尚未验收入库（货未到）：

借：在途物资

　　应交税费——应交增值税（进项税额）

　贷：银行存款（款项已经支付）

　　　应付账款（款项尚未支付）

验收入库时：

借：原材料

　贷：在途物资

（2）发出材料。

用途		**会计处理**	
		借方科目	**贷方科目**
生产经营领用材料	直接材料成本	生产成本	原材料
	间接材料成本	制造费用	
	行政环节消耗	管理费用	
	销售环节消耗	销售费用	
销售材料结转成本		其他业务成本	

考点解读　本考点为基础性考点，通常结合其他知识点进行考查，需要考生全面把握。

（1）写分录时注意题目表述：

①尚未验收入库——在途物资。

②已验收入库——原材料。

（2）发出材料账务处理借方科目：

①用于生产产品——生产成本。

②被车间管理部门耗用或用于车间机物料消耗——制造费用。

（3）采购材料时无论是否验收入库：

采购成本 = 价 + 费 + 税（不可抵扣的税）

考点 3　库存商品 ★★

考点导学　库存商品是指企业完成全部生产过程并已验收入库、合乎标准规格和技术条件，可以按照合同规定的条件送交订货单位，或可以作为商品对外销售的产品以及外购或委托加工完成验收入库用于销售的各种商品。

（一）科目设置

企业应设置“生产成本”“库存商品”等科目。

“生产成本”，为成本类科目，借方登记增加额，贷方登记减少额，期末借方余额表示生产过程尚未完工的产品的成本，即期末在产品成本。

“库存商品”，为资产类科目，借方登记增加额，贷方登记减少额，期末余额在借方，反映各种库存商品的实际成本。

（二）账务处理

1. 产品完工验收入库

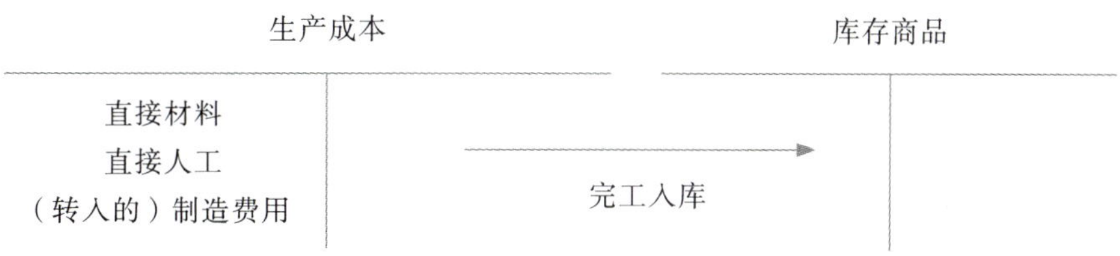

借：库存商品

　贷：生产成本

2. 结转销售商品成本

借：主营业务成本

　贷：库存商品

考点解读　本考点为基础性考点，通常结合其他知识点进行考查，需要考生掌握账务处理。

考点 4　存货清查 ★★★

考点导学　存货清查是指通过对存货的实地盘点，确定存货的实有数量，并与账面结存数核对，从而确定存货实存数与账面结存数是否相符的一种专门方法。

（一）科目设置

为了反映和监督企业在财产清查中查明的各种存货的盘盈、盘亏和毁损情况，企业应当设置“待处理财产损溢”科目。

少了借，多了贷

待处理财产损溢

存货的盘亏、毁损金额及盘盈的转销金额	存货的盘盈金额及盘亏的转销金额

企业清查的各种存货损溢，应在期末结账前处理完毕，期末处理后，本科目应无余额。

（二）账务处理

1. 存货盘盈

批准前：

借：原材料等

　贷：待处理财产损溢

批准后：

借：待处理财产损溢

　贷：管理费用

2. 存货盘亏及毁损

批准前：

借：待处理财产损溢

　贷：原材料等

　　应交税费——应交增值税（进项税额转出）（自然灾害原因除外）

批准后：

借：原材料/银行存款等（残料入库或变价收入）

　其他应收款（应由保险公司或责任人赔偿的部分）

　管理费用（扣除残料价值和应由他人承担赔款后的净损失，属于一般经营损失的部分）

　营业外支出（自然灾害等不可抗力导致的净损失）

　贷：待处理财产损溢

考点解读　本考点为常考知识点，考生应全面掌握存货清查的会计处理。

（1）存货盘亏及毁损时进项税额转出：

如无特别说明，一般默认企业为一般纳税人、适用一般计税方法，即：应纳税额 = 销项税额 − 进项税额。

可简单理解为：购入的存货增值后会交更高的销项税额，所以采购时较低的进项税额可以扣除，但存货盘亏及毁损后，不能再产生更高的销项税额，因此之前较低的进项税额也不得抵扣，原购入时已经抵扣进项税额的，需将增值税进项税额转出。

根据增值税法律制度的规定，自然灾害导致的存货毁损进项税额仍可以抵扣，无须转出。

（2）存货盘盈、盘亏及毁损账务处理要点总结：

情形	小新点	会计处理
盘盈时	管理失误（计量错误）	贷：管理费用
盘亏时	有残料入库或变价收入	借：原材料、银行存款等
	有人赔（保险公司、责任人）	借：其他应收款
	收到赔款仍不足的部分、属于管理责任的部分	借：管理费用
	自然灾害等不可抗力导致的净损失	借：营业外支出

牛刀小试

【判断题】材料盘亏净损失属于一般经营损失的部分，应记入“营业外支出”科目。（　　）（2020年）

【解析】扣除残料价值和应由保险公司、过失人赔款后的净损失，属于一般经营损失的部分，记入“管理费用”科目，属于非常损失的部分，记入“营业外支出”科目。

【答案】×

【单选题】某企业为增值税一般纳税人，2019年6月20日因管理不善造成一批库存材料毁损。该批材料账面余额为20000元，增值税进项税额为2600元，未计提存货跌价准备，收回残料价值1000元，应由责任人赔偿5000元。不考虑其他因素，该企业应确认的材料毁损净损失为（　　）元。（2019年）

A. 14000　　B. 21600　　C. 17600　　D. 16600

【解析】批准处理前：

借：待处理财产损溢　22600
　贷：原材料　20000
　　应交税费——应交增值税（进项税额转出）　2600

批准处理后：

借：其他应收款　5000
　原材料　1000
　管理费用　16600
　贷：待处理财产损溢　22600

【答案】D

【单选题】下列各项中，关于企业原材料盘亏及毁损会计处理表述正确的是（　　）。（2017年）

A. 保管员过失造成的需赔偿的损失，计入管理费用

B. 因台风造成的净损失，计入营业外支出

C. 应由保险公司赔偿的部分，计入营业外收入

D. 经营活动造成的净损失，计入其他业务成本

【解析】企业发生原材料盘亏或毁损时：

借：待处理财产损溢

　贷：原材料等

按管理权限报经批准后：

借：原材料等（收回的残料价值）

　　其他应收款（应由保险公司或过失人赔偿的部分）

　　管理费用（一般经营损失）

　　营业外支出（非常损失）

　贷：待处理财产损溢

【答案】B

专题复盘

- 存货
  - 存货的初始计量
    - 外购存货成本 = 价 + 费 + 税（不可抵扣的税）
    - 加工成本 = 直接人工 + 制造费用
    - 委托外单位加工完成的存货成本 = 实际耗用的原材料 + 加工费 + 往返运杂费 + 税（不可抵扣的）
    - 自制的存货成本 = 料 + 工 + 费
    - 【提示】重点关注：设计费、仓储费用、合理损耗等
  - 原材料
    - 采用实际成本核算，收入、发出、结存均为实际成本
  - 库存商品
  - 存货清查
    - 盘盈：冲减管理费用
    - 盘亏：有人赔（其他应收款），收到赔款仍不足的部分、属于管理责任的部分（管理费用），自然灾害等不可抗力导致的净损失（营业外支出）

进一步学习建议

拿到“轻松过关®1”后，考生需要对存货考点进行深入学习，重点关注存货成本构成、发出存货计价方法，原材料、委托加工物资和库存商品的会计处理和相关计算，以及存货清查和减值等内容。在学习过程中，听一遍基础班的课程，并利用“轻松过关®1”中的相关习题进行巩固。

扫码听课

40%

专题学习进度

专题四　应付账款

本专题是考试中的重点内容，可以以各种形式出题，且可以从理论、计算、账务处理等多角度考查，考生需全面掌握。

通过本专题你会了解：

应付账款包括的内容及账务处理。

专题小词典

暂估入账

在所购材料、商品已经验收入库，发票账单未能同时到达的情况下，企业应付材料、商品供应单位的债务已经成立，在会计期末，为了反映企业的负债情况，需要将所购材料、商品和相关的应付账款暂估入账。待下月月初用红字将上月月末暂估入账的应付账款予以冲销。

考点　应付账款 ★★

考点导学　应付账款是指企业因购买材料、商品或接受服务等经营活动而应付给供应单位的款项。

（一）核算范围

企业应付账款一般按应付金额入账（应付的所有的钱）。

（二）账务处理

1. 科目设置

企业应设置“应付账款”科目核算应付账款的发生、偿还、转销等情况。该科目为负债类科目，贷方登记应付未付款项的增加，借方登记应付未付款项的减少，期末贷方余额反映企业尚未支付的应付账款余额。

2. 账务处理

（1）发生应付账款：

借：原材料（采购材料已验收入库）、库存商品（采购商品已验收入库）、管理费用（如购入办公用品）

　　应交税费——应交增值税（进项税额）

　贷：应付账款

（2）偿还应付账款：

借：应付账款

　贷：银行存款等

（3）由于债权单位撤销或其他原因，确实无法偿付或无须支付应付账款：

借：应付账款

　贷：营业外收入

考点解读　应付账款的核算范围可以记为：应付账款 = 价 + 费 + 税。

"价"　合同或协议约定的价款。

"费"　应支付给对方的各种费用。

"税"　增值税进项税额。

【辨析】应收账款、应付账款：

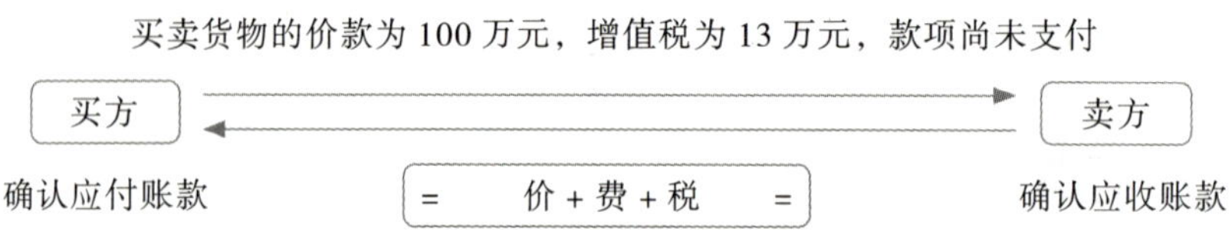

买方确认的应付账款 = 卖方确认的应收账款 = 价 + 费 + 税

其中，买方确认的是增值税进项税额，卖方确认的是增值税销项税额。

牛刀小试　【判断题】企业对于确实无法支付的应付账款，经核准应按其账面余额计入营业外收入。（　　）（2021年、2020年）

【答案】√

专题复盘

应付账款
- 应付账款 = 价 + 费 + 税（增值税进项税额）
- 确实无法支付的应付账款计入营业外收入

进一步学习建议

拿到"轻松过关®1"后，考生需要对应付及预收账款考点进行深入学习，重点关注应付票据、应付账款的会计处理，以及其他应付款的核算范围等内容。在学习过程中，听一遍基础班的课程，并利用"轻松过关®1"中的相关习题进行巩固。

扫码听课

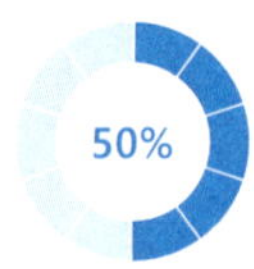

专题学习进度

专题五　实收资本（或股本）和资本公积

本专题为高频考点，所有题型均有可能涉及，主要围绕接受现金资产投资、实收资本（或股本）增减变动的账务处理等进行考查。由于资本公积的主要考查内容与实收资本（或股本）相连，相关内容也并入本专题一同说明。

通过本专题你会了解：

如何选用实收资本和股本；
所有者权益的构成；
所有者投入资产的处理；
实收资本（或股本）增减变动的情形。

专题小词典

实收资本

指企业按照章程规定或合同、协议约定，接受投资者投入企业的资本。实收资本的构成比例或股东的股份比例，是确定所有者在企业所有者权益中所占份额的基础，也是企业进行利润或股利分配的主要依据。对股份有限公司而言，实收资本又称为股本。

考点 1　实收资本（或股本）和资本公积概述 ★

考点导学

所有者权益的构成（1）
- 实收资本或股本
- 资本公积
  - 资本（股本）溢价：投资者超额缴入资本，或溢价发行股票
  - 其他资本公积：特殊交易事项
- 其他综合收益 —— 直接计入所有者权益的利得和损失
- 其他权益工具 —— 优先股、永续债等

- 所有者权益的构成（2）
  - 留存收益
    - 盈余公积
    - 利润分配——未分配利润
  - 专项储备

（一）实收资本（或股本）和资本公积的管理

1. 概念

（1）实收资本（或股本）是指企业按照章程规定或合同、协议约定，接受投资者投入企业的资本。

（2）资本公积是企业收到投资者出资额超出其在注册资本（或股本）中所占份额的部分，以及其他资本公积等。资本公积包括资本溢价（或股本溢价）和其他资本公积。

①资本（股本）溢价：

资本（股本）溢价是企业收到投资者的超出其在企业注册资本（或股本）中所占份额的投资。

②其他资本公积：

其他资本公积指除资本溢价（或股本溢价）以外所形成的资本公积。

2. 股东出资形式

- 出资形式
  - 货币
  - 非货币：实物、知识产权、土地使用权等

（二）实收资本（或股本）的确认与计量

股份有限公司应设置“股本”科目，其他各类企业应设置“实收资本”科目，属于所有者权益类科目，借方登记减少额，贷方登记增加额，用于反映和监督企业实际收到的投资者投入资本的情况。

实收资本

借方	贷方
撤资 减资	收到符合注册资本的出资额
	反映企业实有的资本额

股本

借方	贷方
经批准核销的股票面值	已发行的股票面值
	反映发行在外的股票面值

考点解读　本考点为所有者权益的基础内容，考生应结合以下内容准确区分“实收资本”“股本”和“资本溢价”“股本溢价”的适用情形：

单位类型	实收资本或股本	资本公积
股份有限公司	股本	股本溢价
股份有限公司以外的其他企业	实收资本	资本溢价

其中，“资本溢价”“股本溢价”是“资本公积”的二级明细科目。

考点2　实收资本（或股本）和资本公积的账务处理 ★★

考点导学　**（一）接受现金资产投资**

1. 股份有限公司以外的企业接受现金资产投资

借：银行存款

　贷：实收资本（约定所占份额部分）

　　资本公积——资本溢价（超过所占份额的部分）

举例 / 张三、李四共同投资设立一家有限责任公司，注册资本为1000000元。按照章程的规定，张三、李四各自投入资本500000元。公司已如期收到各投资者一次缴足的款项。该公司应编制如下分录：

借：银行存款　　1000000

　贷：实收资本——张三　　500000

　　　　——李四　　500000

一年之后该公司接受王五的投资，王五出资800000元，协议约定其中计入实收资本的金额为500000元。该公司应编制如下分录：

借：银行存款　　800000

　贷：实收资本——王五　　500000

　　资本公积——资本溢价　　300000

2. 股份有限公司接受现金资产投资

（1）股份有限公司采用发行股票的方式筹集资金，发行股票时可以：

①按面值发行，即平价发行；

②溢价发行是指发行人按高于面值的价格发行股票（我国目前不允许折价发行）。

（2）账务处理。

发行股票时：

借：银行存款（实收金额）

　贷：股本（股票面值 × 发行股份总数）

　　资本公积——股本溢价（发行股票总价款 - 股本 - 手续费、佣金等费用）

【提示】发行费用应依次冲减“资本公积——股本溢价”科目,“盈余公积”科目和“利润分配——未分配利润”科目。

举例 / 甲股份有限公司发行普通股10000000股，每股面值1元，每股发行价格5元。假定股票发行成功，按发行金额的1%支付发行费用，不考虑其他因素。甲公司应做的账务处理如下：

应记入“资本公积——股本溢价”科目的金额 =10000000 × 5-10000000-10000000 × 5 × 1%=39500000（元）

借：银行存款　　49500000

　贷：股本　　10000000

　　资本公积——股本溢价　　39500000

（二）实收资本（或股本）的增减变动

1. 实收资本（或股本）的增加

一般企业增加资本主要有三个途径：

接受投资者追加投资　　资本公积转增资本　　盈余公积转增资本

途径	会计处理
接受投资者追加投资	借：银行存款、固定资产、原材料等 　　应交税费——应交增值税（进项税额）[如有] 　贷：实收资本（或股本） 　　　资本公积——资本（股本）溢价
资本公积转增资本	借：资本公积 　贷：实收资本（或股本）
盈余公积转增资本	借：盈余公积 　贷：实收资本（或股本）

2. 实收资本（或股本）的减少

有限责任公司按法定程序报经批准减少注册资本的，按减少的注册资本金额减少实收资本。

借：实收资本

　　资本公积等

　贷：银行存款等

【提示】股份制公司采用收购本公司股票方式减资的相关内容，在基础阶段学习相关内容。

考点解读

本考点为高频考点。考生需全面掌握股份制公司及非股份制公司接受现金资产投资，以及实收资本（或股本）的增减变动的会计处理，既可在选择题中考查，也可能以不定项选择题形式出现。同时还需掌握股份制公司溢价发行股票时资本公积确认金额的计算。

（1）股份制公司溢价发行股票时资本公积的确认金额。

可理解为：发行股票取得的总价款中，首先应按照面值 × 股数确认“股本”科目金额，既然已计入股本，便不可在资本公积中重复确认，应扣除；而发行股票的手续费、佣金等费用需冲减“资本公积”科目，因此确认资本公积的金额 = 发行股票总价款 − 股本 − 手续费、佣金等费用。

发行总价款

支付发行股票的佣金、手续费

按面值 × 股数计入股本

⇨ 剩余部分确认资本公积

（2）发行股票的佣金、手续费的处理可记为："依次冲减溢余未——意大利面和鱼的味道"。

"溢" 资本公积——股本溢价。

"余" 盈余公积。

"未" 利润分配——未分配利润。

在发行股票时，一般"资本公积——股本溢价"账户中的金额已足够冲减佣金、手续费。如金额不足，仅当前账户冲减至零时，才能冲减下一个账户中的金额，必须按顺序依次冲减。

"利润分配——未分配利润"账户可冲减为负数。

（3）用资本公积转增资本和盈余公积转增资本时，一个所有者权益账户中的金额减少，另一个所有者权益账户中的金额增加，是所有者权益内部的一增一减，企业所有者权益总额不发生变化。

牛刀小试

【多选题】甲股份有限公司发行普通股 200 万股，每股面值 1 元，每股发行价格 12 元，该公司与证券公司约定，按发行收入的 3% 支付手续费和佣金，发行价款已全部存入银行，不考虑其他因素，下列各项中，该公司发行股票的会计科目处理正确的有（ ）。（2021 年）

A. 借记"财务费用"科目 72 万元

B. 贷记"股本"科目 200 万元

C. 贷记"资本公积——股本溢价"科目 2128 万元

D. 借记"银行存款"科目 2400 万元

【解析】相关会计分录为：

借：银行存款　　2328

　贷：股本　　200

　　资本公积——股本溢价　　2128［200 × 12 ×（1-3%）-200］

【答案】BC

【单选题】下列各项中，关于股份有限公司溢价发行股票相关会计处理表述正确的是（ ）。（2019 年）

A. 发行股票发生的交易费用应单独计入当期损益

B. 溢价总额不足以抵扣发行股票发生的交易费用的差额应冲减股本

C. 溢价总额高于发行股票发生的交易费用的差额作为资本公积入账

D. 溢价总额不足以抵扣发行股票发生的交易费用的差额应计入当期损益

【解析】选项 A 错误，发行股票相关的手续费、佣金等交易费用，如果是溢价发行股票的，应从溢价中抵扣，冲减资本公积——股本溢价，而不是计入当期损益。选项 B、D 错误，无溢价发行股票或溢价金额不足以抵扣的，应将不足抵扣的部分冲减盈余公积和未分配利润。选项 C 正确，在溢价发行股票的情况下，企业发行股票取得的收入，等于股票面值部分作为股本处理，超出股票面值的溢价收入应作为资本公积——股本溢价处理。

【答案】C

【多选题】下列各项中，会导致企业实收资本增加的有（　　）。（2015 年）

A. 资本公积转增资本

B. 接受投资者追加投资

C. 盈余公积转增资本

D. 接受（非股东）非流动资产捐赠

【解析】选项 A，借：资本公积，贷：实收资本，增加实收资本；选项 B，借：银行存款等，贷：实收资本等，增加实收资本；选项 C，借：盈余公积，贷：实收资本，增加实收资本；选项 D，借：固定资产等，贷：营业外收入，不涉及实收资本。

【答案】ABC

专题复盘

- 实收资本（或股本）和资本公积
  - 接受现金资产投资
    - 非股份制公司：实收资本（约定注册资本）、资本公积（超出部分）
    - 股份制公司：股本（面值 × 股数）、资本公积（发行总价款 – 股本 – 手续费等）
  - 实收资本（或股本）的增加
    - 接受投资者追加投资
    - 资本公积转增资本（所有者权益总额不变）
    - 盈余公积转增资本（所有者权益总额不变）
  - 实收资本（或股本）的减少

进一步学习建议

拿到“轻松过关®1”后，考生需要对实收资本或股本、资本公积两个考点进行深入学习，重点关注实收资本或股本、资本公积的账务处理。在学习过程中，听一遍基础班的课程，并利用“轻松过关®1”中的相关习题进行巩固。

扫码听课

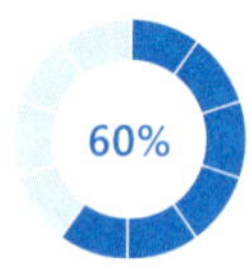

专题学习进度

专题六　留存收益

本专题为高频考点，考试所有题型均有可能涉及，考生需重点把握盈余公积和未分配利润的计算和会计处理，以及不同经济业务对留存收益总额的影响。

通过本专题你会了解：

什么是留存收益，其包括哪些内容；
企业的利润分配。

专题小词典

留存收益

指企业从历年实现的利润中提取或形成的留存于企业的内部积累，包括盈余公积和未分配利润。

考点 1　盈余公积 ★★

考点导学　盈余公积是指企业按照有关规定从净利润中提取的积累资金，包括法定盈余公积和任意盈余公积。

（一）盈余公积的管理

1. 概念

（1）法定盈余公积是指企业按照规定的比例从净利润中提取的盈余公积。按照规定比例 10% 从净利润（扣减弥补以前年度亏损后）中提取。

①累计额已达注册资本的 50% 时可以不再提取法定盈余公积。

②在计算提取法定盈余公积的基数时，不应包括企业年初未分配利润。

③如果以前年度有未弥补的亏损，应先弥补以前年度亏损再提取盈余公积。

（2）任意盈余公积是指企业按照股东会或股东大会决议提取的盈余公积。

2. 用途

提取的盈余公积经批准可用于弥补亏损、转增资本、发放现金股利或利润等。

（二）账务处理

1. 科目设置

企业应设置“盈余公积”“利润分配”科目，均属于所有者权益类科目，借方登记减少额，贷方登记增加额。

“盈余公积”下设“法定盈余公积”“任意盈余公积”两个明细科目。

2. 账务处理

（1）提取法定盈余公积：

借：利润分配——提取法定盈余公积

　贷：盈余公积——法定盈余公积

（2）提取任意盈余公积：

借：利润分配——提取任意盈余公积

　贷：盈余公积——任意盈余公积

（3）盈余公积转增资本：

借：盈余公积

　贷：实收资本（或股本）

（4）盈余公积补亏：

借：盈余公积

　贷：利润分配——盈余公积补亏

考点解读　本考点为所有者权益的重要基础内容，考生需掌握盈余公积的范围、用途以及账务处理。

（1）盈余公积的用途不包括“转增资本公积”。

（2）在计提法定盈余公积时，年初未分配利润由于在以前年度已经计提过法定盈余公积，本期无须重复计提。即年初未分配利润的部分不再提取法定盈余公积。

牛刀小试　**【单选题】**下列各项中，关于盈余公积会计处理的表述正确的是（　　）。

A. 用盈余公积弥补亏损时，应借记“盈余公积”科目，贷记“利润分配——盈余公积补亏”科目

B. 用盈余公积转增资本时，应借记“股本”科目，贷记“盈余公积”科目

C. 提取盈余公积时，应借记“本年利润”科目，贷记“盈余公积”科目

D. 用盈余公积转增资本时，应借记“盈余公积”科目，贷记“资本公积”科目

【解析】选项BD，用盈余公积转增资本时，应借记“盈余公积”科目，贷记“实收资本”或“股本”科目。选项C，提取盈余公积时，应借记“利润分配——提取法定（任意）盈余公积”科目，贷记“盈余公积”科目。

【答案】A

考点 2 未分配利润 ★★

考点导学 未分配利润是指企业实现的净利润经过弥补亏损、提取盈余公积和向投资者分配利润后留存在企业的、历年结存的利润。

（一）未分配利润的管理

1. 利润分配的顺序

（1）提取法定盈余公积。

（2）提取任意盈余公积。

（3）向投资者分配利润。

小新点 先存钱（先提必须提的，再提自愿提的），再分钱。

2. 可供分配利润、分配利润和未分配利润

项目	内容	要点
可供分配利润	是企业当年度可以进行分配的利润，包括年初未分配利润和本年新增的净利润等	本期可以分配的全部利润
分配利润	是企业进行利润分配的过程	如提取法定盈余公积、提取任意盈余公积、向投资者分配现金股利或利润等
未分配利润	将可供分配利润分配完后剩余的利润	最终余额

可供分配利润 = 当年实现的净利润（或净亏损）+ 年初未分配利润（或 - 年初未弥补亏损）+ 其他转入

牛刀小试 【多选题】下列各项中，导致企业年末可供分配利润总额发生增减变动的有（ ）。（2020 年）

A. 本年发生净亏损　　B. 支付上年宣告发放的现金股利

C. 用盈余公积转增资本　　D. 本年实现净利润

【解析】可供分配利润 = 当年实现的净利润（或净亏损）+ 年初未分配利润（或 - 年初未弥补亏损）+ 其他转入（如用盈余公积弥补亏损）。

【答案】AD

【单选题】某公司年初未分配利润为 1000 万元，当年实现净利润 500 万元，按 10% 提取法定盈余公积，5% 提取任意盈余公积，宣告发放现金股利 100 万元，不考虑其他因素，该公司年末未分配利润为（ ）万元。（2017 年）

A. 1450　　B. 1475　　C. 1325　　D. 1400

【解析】该公司年末未分配利润=1000+500−500×（10%+5%）−100=1325（万元）。

【答案】C

【单选题】2014年年初某企业“利润分配——未分配利润”科目借方余额20万元，2014年度该企业实现净利润为160万元，根据净利润的10%提取盈余公积，2014年年末该企业可供分配利润的金额为（　　）万元。（2015年）

A. 126　　B. 124　　C. 140　　D. 160

【解析】2014年年末该企业可供分配利润的金额＝年初未弥补亏损＋本年实现的净利润＋其他转入=−20+160+0=140（万元）。

【答案】C

（二）账务处理

1. 科目设置

设置科目	所属明细科目	小新点
利润分配	提取法定盈余公积	对照盈余公积
	提取任意盈余公积	
	应付现金股利或利润	宣告分配现金股利
	盈余公积补亏	补亏时
	未分配利润等	年末都在这

【提示】利润分配中除“未分配利润”明细科目以外的其他明细科目年末无余额。

2. 账务处理

（1）结转净利润（或净亏损）：

企业应将全年实现的净利润，自“本年利润”科目转入“利润分配——未分配利润”科目。

盈余	借：本年利润 　贷：利润分配——未分配利润
亏损	借：利润分配——未分配利润 　贷：本年利润

（2）提取法定盈余公积：

借：利润分配——提取法定盈余公积

　贷：盈余公积——法定盈余公积

（3）提取任意盈余公积：

借：利润分配——提取任意盈余公积

　贷：盈余公积——任意盈余公积

（4）按照股东大会的决议，宣告向投资者分配现金股利或利润：

借：利润分配——应付现金股利或利润

　贷：应付股利

（5）将利润分配各明细科目“提取法定盈余公积”“提取任意盈余公积”“应付现金股利或利润”余额转入“利润分配——未分配利润”科目：

借：利润分配——未分配利润

　贷：利润分配——提取法定盈余公积

　　　　　　——提取任意盈余公积

　　　　　　——应付现金股利或利润

（6）盈余公积补亏：

借：盈余公积

　贷：利润分配——盈余公积补亏

借：利润分配——盈余公积补亏

　贷：利润分配——未分配利润

利润分配

反映企业利润的分配情况，包括提取法定盈余公积、提取任意盈余公积、应付现金股利或利润等，及年终从“本年利润”账户结转的当年净亏损	反映年终从“本年利润”账户结转的当年净利润、盈余公积补亏等
反映企业的未弥补亏损	反映企业的未分配利润

考点解读　本考点可考性较强，可以考查的方向也较多，可能涉及所有题型。考生应重点掌握“可供分配利润”“未分配利润”的计算，以及利润分配的账务处理，并结合前文内容整体把控对“留存收益”“所有者权益”的影响。

【辨析】可供分配利润、分配利润、未分配利润：

将企业的利润比作一个大西瓜：

可供分配利润：可以分得瓜有多大？

可供分配利润 = 可以分的所有的钱 = 当年赚的（赔的）钱 + 原来有的钱 + 其他

分配利润：是分西瓜的过程。

有分给盈余公积的（法定、任意），有分给投资者的（现金股利或利润）。

未分配利润：分完后剩下来的西瓜有多大？

未分配利润 = 可供分配利润 – 提取法定盈余公积 – 提取任意盈余公积 – 向投资者分配的现金股利或利润等

将“利润分配”各明细科目中的余额均转入“未分配利润”明细科目后，“利润分配——未分配利润”科目如为贷方余额，表示累积未分配的利润数额；如为借方余额，则表示累积未弥补的亏损数额。

牛刀小试　【多选题】下列各项中，导致企业留存收益变动的有（　　）。（2021年）

A. 盈余公积转增资本　　B. 用盈余公积发放现金股利

C. 资本公积转增资本　　D. 接受投资者设备投资

【解析】留存收益包括盈余公积和未分配利润。

选项 A	选项 B
留存收益总额减少： 借：盈余公积 　贷：实收资本 / 股本	留存收益总额减少： 借：盈余公积 　贷：应付股利
选项 C	**选项 D**
留存收益总额不变： 借：资本公积 　贷：实收资本 / 股本	留存收益总额不变： 借：固定资产 　应交税费——应交增值税（进项税额） 　贷：实收资本等

【答案】AB

【单选题】下列各项中，企业应通过“利润分配”科目核算的是（　　）。（2020年）

A. 支付已宣告发放的现金股利　　B. 以盈余公积转增资本

C. 以股票溢价抵扣股票发行手续费　　D. 以盈余公积弥补亏损

【解析】

选项 A	选项 B
借：应付股利 　贷：银行存款等	借：盈余公积 　贷：实收资本等
选项 C	**选项 D**
溢价发行股票的手续费直接冲减资本公积——股本溢价	借：盈余公积 　贷：利润分配——盈余公积补亏

【答案】D

【单选题】某公司年初未分配利润为1000万元，盈余公积为500万元；本年实现净利润5000万元，分别提取法定盈余公积500万元、任意盈余公积250万元，宣告发放现金股利500万元。不考虑其他因素，该公司年末留存收益为（　　）万元。（2016年）

A. 5250　　B. 6000　　C. 6500　　D. 5750

【解析】留存收益包括盈余公积和未分配利润，年末留存收益=1000+500+5000-500=6000（万元）。

【答案】B

专题复盘

- 留存收益
  - 盈余公积
    - 盈余公积：法定盈余公积（10%）、任意盈余公积
    - 在计算提取法定盈余公积的基数时，不应包括企业年初未分配利润
  - 未分配利润
    - （1）可供分配利润 = 当年赚的（赔的）钱 + 原来有的钱 + 其他
    - （2）分配利润：过程
    - （3）未分配利润 = 可供分配利润 - 提取法定盈余公积 - 提取任意盈余公积 - 向投资者分配现金股利或利润等
    - （4）用当年实现利润弥补以前年度亏损，不需要单独进行账务处理
    - （5）利润分配中除“未分配利润”明细科目以外的其他明细科目年末无余额

进一步学习建议

拿到“轻松过关®1”后，考生需要对留存收益考点进行深入学习，重点关注留存收益的范围和会计处理等内容。在学习过程中，听一遍基础班的课程，并利用“轻松过关®1”中的相关习题进行巩固。

扫码听课

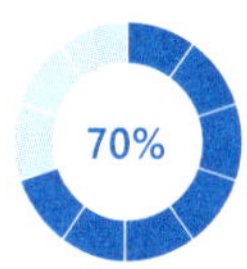

专题学习进度

专题七　收　入

收入为高频考点，所有题型均有可能涉及，在抢先学阶段考生需重点把握相关会计科目以及收入的基础会计处理。

通过本专题你会了解：

主营业务收入和其他业务收入的核算范围；
销售商品和材料的账务处理的区别。

专题小词典

日常活动

指企业为完成其经营目标所从事的经常性活动以及与之相关的其他活动。按照企业主要经营业务等经常性经营活动实现的收入，通常将收入分为主营业务收入和其他业务收入，例如，制造业企业的产品销售收入是其主营业务收入，生产产品用的材料销售收入或出租包装物等收入则属于其他业务收入；又如，商业银行的利息收入是其主营业务收入。

考点　收入★★

考点导学　收入是指企业在日常活动中形成的、会导致所有者权益增加的、与所有者投入资本无关的经济利益的总流入。

（一）收入的管理

收入核算和监督的基本要求：确认收入的方式应当反映其向客户转让商品或提供服务的模式，收入的金额应当反映企业因转让商品或提供服务而预期有权收取的对价金额。通过收入确认和计量能进一步如实地反映企业的生产经营成果，准确核算企业实现的损益。

交易价格是指企业因向客户转让商品而预期有权收取的对价金额，不包括企业代第三方收取的款项（如增值税）以及企业预期将退还给客户的款项。

（二）会计科目设置

企业为了核算与客户之间的合同产生的收入及相关的成本费用，一般需要设置“主营业务收入”“其他业务收入”“主营业务成本”“其他业务成本”等科目。

（1）“主营业务收入”科目核算企业确认的销售商品、提供服务等主营业务的收入。“主营业务收入”属于损益类中的收入类科目，借方登记减少额，贷方登记增加额，期末余额转入本年利润，结转后没有余额。

主营业务收入	
期末转入“本年利润”科目的主营业务收入	企业主营业务活动实现的收入

（2）“其他业务收入”科目核算企业确认的除主营业务活动以外的其他经营活动实现的收入，包括出租固定资产、出租无形资产、出租包装物和商品、销售材料等实现的收入。“其他业务收入”属于损益类中的收入类科目，借方登记减少额，贷方登记增加额，期末余额转入本年利润，结转后没有余额。

其他业务收入	
期末转入“本年利润”科目的其他业务收入	企业其他经营活动实现的收入

（3）“主营业务成本”科目核算企业确认销售商品、提供服务等主营业务收入时应结转的成本。“主营业务成本”属于损益类中的费用类科目，借方登记增加额，贷方登记减少额，期末余额转入本年利润，结转后没有余额。

主营业务成本	
企业应结转的主营业务成本	期末转入“本年利润”科目的主营业务成本

（4）“其他业务成本”科目核算企业确认的除主营业务活动以外的其他经营活动所形成的成本，包括出租固定资产的折旧额、出租无形资产的摊销额、出租包装物的成本或摊销额、销售材料的成本等。“其他业务成本”属于损益类中的费用类科目，借方登记增加额，贷方登记减少额，期末余额转入本年利润，结转后没有余额。

其他业务成本	
企业应结转的其他业务成本	期末转入“本年利润”科目的其他业务成本

（三）一般商品销售收入的账务处理

【提示】本知识点默认符合某一时点履行的履约义务确认收入的条件（基础阶段详解）。

1. 现金结算方式销售业务的账务处理

借：库存现金、银行存款等
　贷：主营业务收入
　　　应交税费——应交增值税（销项税额）
　　　银行存款等（为客户代垫费用）
借：主营业务成本
　贷：库存商品

2. 委托收款结算方式或赊销方式销售业务的账务处理

借：应收账款
　贷：主营业务收入
　　　应交税费——应交增值税（销项税额）
借：主营业务成本
　贷：库存商品
在实际收到款项时：
借：银行存款等
　贷：应收账款

3. 材料销售业务的账务处理

借：银行存款、应收账款等
　贷：其他业务收入
　　　应交税费——应交增值税（销项税额）
借：其他业务成本
　贷：原材料

考点解读　本专题是收入的入门基础内容，建议考生全面掌握，并注意以下问题。

（1）收取的代垫款项和增值税税额不能确认为收入：

①代垫款项是为客户垫付后应收回的款项，应单独确认，不能作为收入处理。

②从客户处收取的增值税，之后要缴入税务局，也不是企业的收入。

（2）注意价格是否含税：

企业确认的收入应为不含税的收入。

含税金额应换算为不含税金额再确认收入。

不含税金额 = 含税金额 ÷（1+ 适用税率）

牛刀小试　【判断题】“主营业务收入”科目核算企业确认的销售商品、材料，提供服务等主营业务的收入。（　　）

【解析】“主营业务收入”科目核算企业确认的销售商品、提供服务等主营业务的收入；销售材料实现的收入通过“其他业务收入”科目确认。

【答案】×

专题复盘

收入
- 销售商品：确认主营业务收入、结转主营业务成本
- 销售材料：确认其他业务收入、结转其他业务成本

进一步学习建议

拿到“轻松过关®1”后，考生需要对收入考点进行深入学习，重点关注收入的确认与计量，一般商品销售收入的账务处理、在某一时段内完成的商品销售收入的账务处理等内容。在学习过程中，听一遍基础班的课程，并利用“轻松过关®1”中的相关习题进行巩固。

扫码听课

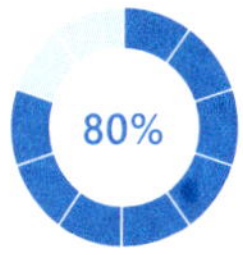

专题学习进度

专题八　费　用

本专题具有较强的可考性，同时也是重要的基础内容。既可单独考查，也可与收入、职工薪酬等诸多内容联合考查。考生需全面掌握此书中涉及的基础内容。

通过本专题你会了解：

什么是期间费用；
企业日常的支出如何处理；
如何确认“销”“管”“财”。

专题小词典

税金及附加

企业应当设置“税金及附加”科目，核算企业经营活动发生的消费税、城市维护建设税、教育费附加、资源税、房产税、环境保护税、城镇土地使用税、车船税、印花税等相关税费。

筹建期间

指企业被批准筹建之日起至开始生产、经营（包括试生产、试营业）之日的期间。

考点　费用 ★★

考点导学　费用包括企业日常活动所发生的经济利益的总流出，主要指企业为取得营业收入进行产品销售等营业活动所发生的营业成本、税金及附加和期间费用。

（一）营业成本（专题七已讲）

企业为生产产品、提供劳务等发生的可归属于产品成本、劳务成本等的费用，应当在确认销售商品收入、提供劳务收入等时，将已销售商品、已提供劳务的成本确认为营业成本，包括主营业务成本和其他业务成本。

（二）期间费用

期间费用是指企业日常活动发生的不能计入特定核算对象的成本，而应计入发生当期损益的费用。期间费用包括销售费用、管理费用和财务费用。

1. 销售费用

（1）核算范围。

销售费用是指企业销售商品和材料、提供服务的过程中发生的各种费用，包括企业在销售商品过程中发生的保险费、包装费、展览费、广告费、商品维修费、预计产品质量保证损失、运输费、装卸费等，以及为销售本企业商品而专设的销售机构（含销售网点、售后服务网点等）的职工薪酬、业务费、折旧费等经营费用。企业发生的与专设销售机构相关的固定资产修理费用等后续支出也属于销售费用。

（2）账务处理：

借：销售费用
　　应交税费——应交增值税（进项税额）[如有]
　贷：银行存款
　　　应付职工薪酬
　　　累计折旧等

期末：

借：本年利润
　贷：销售费用

期末结转后本科目无余额。

2. 管理费用

（1）核算范围。

管理费用是指企业为组织和管理生产经营发生的各种费用，包括企业在筹建期间内发生的开办费、董事会和行政管理部门在企业的经营管理中发生的以及应由企业统一负担的公司经费（包括行政管理部门职工薪酬、物料消耗、低值易耗品摊销、办公费和差旅费等）、行政管理部门负担的工会经费、董事会费（包括董事会成员津贴、会议费和差旅费等）、聘请中介机构费、咨询费（含顾问费）、诉讼费、业务招待费、技术转让费、研究费用等。企业行政管理部门发生的固定资产修理费用等后续支出，也作为管理费用核算。

（2）账务处理：

借：管理费用
　　应交税费——应交增值税（进项税额）[如有]
　贷：银行存款
　　　应付职工薪酬
　　　累计折旧
　　　累计摊销等

期末：
借：本年利润
　贷：管理费用
结转后本科目无余额。

3. 财务费用
（1）核算范围。
财务费用是指企业为筹集生产经营所需资金等而发生的筹资费用，包括利息支出（减利息收入）、汇兑损益以及相关的手续费等。（银行相关找财务）
（2）账务处理：
确认借款利息：
借：财务费用
　贷：应付利息 / 银行存款
支付银行手续费：
借：财务费用
　　应交税费——应交增值税（进项税额）
　贷：银行存款
期末：
借：本年利润
　贷：财务费用
结转后本科目无余额。

考点解读　本考点为重要的基础性考点，考生在抢先学阶段掌握本考点将有助于基础阶段内容的学习，尤其是能准确区分“销、管、财”。

【辨析】销售费用、财务费用、管理费用：
销售费用：盯住“为了销售”“销售过程”“销售部门（机构）”的相关支出。
财务费用：一般银行相关找财务，如借款利息（非一定）、支付给银行的手续费，另外，汇兑损益一般也计入财务费用。
管理费用：可理解为“垃圾桶”，除销售费用、财务费用外的期间费用均在这里。
（1）借款利息不一定计入财务费用：
①一般情况下，初级会计专业技术资格考试中涉及的借款利息均不符合资本化条件，计入财务费用。
②企业筹建期间不符合资本化条件的借款利息计入管理费用。
③用于在建工程的 + 符合资本化条件的借款利息应计入成本（如在建工程）。
（2）当企业取得银行存款利息收入时，取得的利息收益，应在贷方冲减财务费用。

牛刀小试　**【多选题】**下列各项中，应计入企业管理费用的有（　　）。（2020年）
A. 董事会成员的公务差旅费　　B. 聘请会计师事务所咨询费

C. 行政管理部门的办公费　　　　D. 计提销售商品预计产品质量保证损失

【解析】选项 D 计入销售费用。

【答案】ABC

【多选题】下列各项中，属于“财务费用”科目核算内容的有（　　）。（2020 年）

A. 支付公开发行普通股的佣金　　　　B. 支付的银行承兑汇票手续费

C. 确认的财务部门人员薪酬　　　　D. 确认的生产经营用短期借款利息费用

【解析】选项 A 冲减资本公积等；选项 C 计入管理费用。

【答案】BD

【多选题】下列各项中，企业应计入销售费用的有（　　）。

A. 销售人员的工资　　　　B. 预计产品质量保证损失

C. 广告费　　　　D. 筹建期间发生的开办费

【解析】选项 D 计入管理费用。

【答案】ABC

专题复盘

- 费用
  - 营业成本
    - 主营业务成本
    - 其他业务成本
  - 期间费用
    - 销售费用：盯住“为了销售”“销售过程”“销售部门（机构）”
    - 财务费用：利息支出（减利息收入）、汇兑损益以及相关的手续费
    - 管理费用：“垃圾桶”

进一步学习建议

拿到“轻松过关®1”后，考生需要对费用考点进行深入学习，重点关注营业成本、税金及附加、期间费用的范围及账务处理。在学习过程中，听一遍基础班的课程，并利用“轻松过关®1”中的相关习题进行巩固。

扫码听课

90%

专题学习进度

专题九 利 润

本专题具有较强的可考性，同时也是重要的基础内容。既可单独考查，也可与利润表等内容联合考查。考生需全面把握此书中涉及的基础内容。

通过本专题你会了解：

利润是如何形成的；
营业外收入和营业外支出的核算范围。

专题小词典

营业收入

指企业经营业务所实现的收入总额，包括主营业务收入和其他业务收入。

营业成本

指企业经营业务所发生的实际成本总额，包括主营业务成本和其他业务成本。

研发费用

指企业计入管理费用的进行研究与开发过程中发生的费用化支出，以及计入管理费用的自行开发无形资产的摊销。

考点1 利润的构成 ★★★

考点导学 利润包括收入减去费用后的净额、直接计入当期利润的利得和损失等。
利润的构成是指营业利润、利润总额和净利润。

（一）营业利润

按照利润表的列报要求，营业利润的构成内容如下：

营业利润 = 营业收入 – 营业成本 – 税金及附加 – 销售费用 – 管理费用 – 研发费用 – 财务费用 + 其他收益 + 投资收益（– 投资损失）+ 净敞口套期收益（– 净敞口套期损失）+ 公允价值变动收益（– 公允价值变动损失）– 信用减值损失 – 资产减值损失 + 资产处置收益（– 资产处置损失）

（二）利润总额

利润总额 = 营业利润 + 营业外收入 – 营业外支出

（三）净利润

净利润 = 利润总额 – 所得税费用

考点解读　本考点属于考查频率较高的考点，并与利润表内容相联系，考试中主要考查营业利润、利润总额和净利润的计算。

【辨析】营业利润、利润总额、净利润：

营业利润：可理解为与营业相关的利润，不考虑“营业外利润”，即不考虑营业外收入、营业外支出，同时未扣所得税，即不扣除所得税费用。

利润总额：可理解为企业的总利润，既包括营业利润，又包括“营业外利润”，即在营业利润的基础上，加上营业外收入、减去营业外支出。

净利润：在利润总额的基础上考虑所得税的影响（全考虑）。

小新点　营业利润无“营业外”，无“所得税费用”，利润总额未扣“所得税费用”。

牛刀小试　**【单选题】**某企业 2019 年发生经济业务如下：确认销售费用 1000 万元，公允价值变动损失 60 万元，确认信用减值损失 4 万元，支付税收滞纳金 26 万元。不考虑其他因素，上述业务导致该企业 2019 年营业利润减少的金额为（　　）万元。（2020 年）

A. 1090　　B. 1064　　C. 1086　　D. 1060

【解析】税收滞纳金计入营业外支出，不影响营业利润，导致该企业 2019 年营业利润减少的金额 =1000+60+4=1064（万元）。

【答案】B

【单选题】某公司 2019 年实现利润总额 120 万元，确认所得税费用 30 万元、其他综合收益税后净额 8 万元。不考虑其他因素，该公司 2019 年实现的净利润为（　　）万元。（2020 年）

A. 120　　B. 128　　C. 90　　D. 98

【解析】该公司2019年实现的净利润 = 利润总额 – 所得税费用 =120–30=90（万元）。

【答案】C

考点 2　营业外收入与营业外支出 ★

考点导学

（一）营业外收入

1. 核算范围

营业外收入是指企业确认的与其日常活动无直接关系的各项利得。营业外收入主要包括非流动资产毁损报废收益（指因自然灾害等发生毁损、已丧失使用功能而报废非流动资产所产生的清理收益）、与企业日常活动无关的政府补助、盘盈利得（主要指无法查明原因的现金溢余）、捐赠利得等。

2. 账务处理

借：待处理财产损溢（现金溢余无法查明原因）
　　应付账款等（确实无法支付的应付账款）
　贷：营业外收入

期末：

借：营业外收入
　贷：本年利润

结转后本科目无余额。

（二）营业外支出

1. 核算范围

营业外支出是指企业发生的与其日常活动无直接关系的各项损失。营业外支出主要包括非流动资产毁损报废损失（指因自然灾害等发生毁损、已丧失使用功能而报废非流动资产所产生的清理损失）、捐赠支出、盘亏损失（经批准计入营业外支出的盘亏净损失）、非常损失（自然灾害等原因导致的损失）、罚款支出（行政罚款、税务罚款，以及其他违法违规或违背合同等而支付的罚款、违约金、赔偿金等支出）等。

2. 账务处理

借：营业外支出
　贷：待处理财产损溢（如固定资产盘亏净损失）
　　　银行存款等（支付罚款、违约金、捐赠款项等）

期末：

借：本年利润
　贷：营业外支出

结转后本科目无余额。

考点解读　本考点可考性较强，但很多细节需结合基础阶段其他章节的学习进行理解，考生在抢先学阶段结合本部分内容尽量理解即可。

牛刀小试　**【单选题】**下列各项中，企业应确认为营业外支出的是（　　）。（2020 年）

A. 购进材料定额内合理损耗

B. 核销确实无法收回的应收款项

C. 对外捐赠发生的支出

D. 支付银行承兑汇票手续费

【解析】营业外支出是指企业发生的与其日常活动无直接关系的各项损失，主要包括非流动资产毁损报废损失、捐赠支出、盘亏损失、非常损失、罚款支出等，选项 C 正确；选项 A 计入购进材料的成本；选项 B 冲减坏账准备；选项 D 计入财务费用。

【答案】C

【判断题】企业接受非股东固定资产捐赠产生的利得计入资本公积。（　　）（2020 年）

【解析】企业接受非股东固定资产捐赠产生的利得计入营业外收入。

【答案】×

【多选题】下列各项中，应计入营业外收入的有（　　）。

A. 转销无法支付的应付账款

B. 收发计量差错造成的原材料盘盈利得

C. 出售材料取得的收入

D. 无法查明原因的现金溢余

【解析】选项 B 冲减管理费用；选项 C 计入其他业务收入。

【答案】AD

考点 3　本年利润的账务处理 ★

考点导学　**（一）科目设置**

企业应设置“本年利润”科目，核算企业本年度实现的净利润（或发生的净亏损）。“本年利润”为所有者权益类科目，借方登记减少额，贷方登记增加额。

会计期末，要将企业所有的损益类科目余额结转到“本年利润”科目中。结转后“本年利润”科目，如为贷方余额，表示当年实现的净利润；如为借方余额，表示当年发生的净亏损。

本年利润

借方	贷方
主营业务成本	主营业务收入
其他业务成本	其他业务收入
税金及附加	营业外收入
管理费用	其他收益
销售费用	投资收益（净收益）
财务费用	公允价值变动损益（净收益）
营业外支出	资产处置损益（净收益）
资产减值损失	
所得税费用	
信用减值损失	
投资收益（净损失）	
公允价值变动损益（净损失）	
资产处置损益（净损失）	

（二）账务处理

1. 会计期末，要将企业所有的损益类科目余额结转到“本年利润”科目

借：本年利润
　贷：主营业务成本
　　　其他业务成本
　　　税金及附加
　　　管理费用
　　　销售费用
　　　财务费用
　　　营业外支出
　　　信用减值损失
　　　资产减值损失等
借：主营业务收入
　　其他业务收入
　　营业外收入
　　其他收益等
　贷：本年利润

2. 所得税费用的账务处理

确认所得税费用：
借：所得税费用
　贷：应交税费——应交所得税
将所得税费用结转入本年利润：
借：本年利润
　贷：所得税费用

3. 年度终了，企业还应将“本年利润”科目的本年累计余额转入“利润分配——未分配利润”科目

借或贷：本年利润
　贷或借：利润分配——未分配利润

考点解读　本考点为基础性内容，通常会结合其他知识点进行考查，考生在抢先学阶段结合当前内容尽量理解即可。

牛刀小试 【判断题】会计期末，企业应将“所得税费用”科目的余额转入“利润分配——未分配利润”科目。（ ）（2021年）

【解析】期末，应将“所得税费用”科目的余额转入“本年利润”科目。

【答案】×

【判断题】年度终了，企业应将“本年利润”科目的本年累计余额转入“利润分配——未分配利润”科目。（ ）（2021年）

【答案】√

专题复盘

- 利润
  - 利润的构成
    - （1）营业利润＝营业收入－营业成本－税金及附加－销售费用－管理费用－研发费用－财务费用＋其他收益＋投资收益（－投资损失）＋净敞口套期收益（－净敞口套期损失）＋公允价值变动收益（－公允价值变动损失）－信用减值损失－资产减值损失＋资产处置收益（－资产处置损失）
    - （2）利润总额＝营业利润＋营业外收入－营业外支出
    - （3）净利润＝利润总额－所得税费用
  - 营业外收支
    - 营业外收入、营业外支出
  - 本年利润
    - 期末将所有的损益类科目余额结转至此

进一步学习建议

拿到“轻松过关®1”后，考生需要对利润考点进行深入学习，重点关注利润的构成、营业外收入与营业外支出的范围、所得税费用的计算和账务处理、本年利润的账务处理。在学习过程中，听一遍基础班的课程，并利用“轻松过关®1”中的相关习题进行巩固。

扫码听课

100%

专题学习进度

第三部分

经济法基础

基础入门篇

入门一　法的形式

通过本部分你会了解：

机关：不同形式的法都由哪些制定机关制定；
等级：法的效力等级。

考点　法的渊源 ★★★

一、制定机关

渊源		制定机关
宪法		全国人民代表大会
法律	基本法律	全国人民代表大会
	非基本法律	全国人民代表大会常务委员会
行政法规		国务院
地方性法规		有地方立法权的地方人民代表大会及其常务委员会
部门规章		国务院各部、委员会、中国人民银行、审计署和具有行政管理职能的直属机构
地方政府规章		有地方立法权的地方人民政府

二、效力等级

（1）宪法＞法律＞行政法规＞地方性法规＞本级和下级地方政府规章；
（2）宪法＞法律＞行政法规＞部门规章。

入门解读　本考点需要考生掌握，属于常考点。考生需要掌握不同的法的形式制定机关。由于制定机关有上下级之分，导致法的效力等级不同。按照图示进行掌握：

1. 法的制定机关主要是权力机关和行政机关：

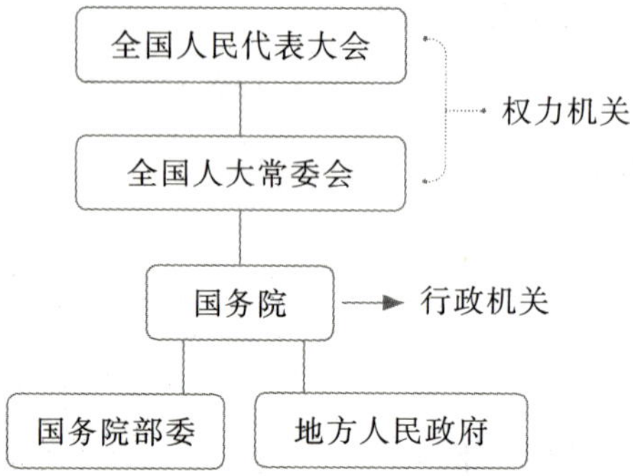

2. 基本法律和非基本法律的理解

（1）基本法律：调整国家和社会生活中带有普遍性的社会关系的规范性法律文件，如民法典、刑法、三大诉讼法等。

（2）非基本法律：调整国家和社会生活中某一方面社会关系的规范性法律文件，如公司法、证券法等。

入门二 法律关系

通过本部分你会了解：

定义：什么是法律关系；
主体：法律关系的主体是什么；
客体：法律关系的客体是什么。

考点 1 法律关系概念 ★

法律关系是指被法律规范所调整的权利与义务关系。法律关系三要素：主体、客体、内容。

入门解读 斌哥去餐厅吃了一碗面，吃完面不给钱就想走人。

在该案例中，斌哥和餐厅产生的法律关系的三要素：
（1）主体：斌哥和餐厅；
（2）客体：支付或收取价款的行为、交付或收取食物的行为；
（3）内容：双方各自的权利和义务，餐厅的权利和义务：收钱、制作健康的食物；斌哥的权利和义务：吃面、付钱。

考点 2 法律关系主体 ★★

法律关系主体又称法律主体，是指参加法律关系，依法享有权利和承担义务的当事人。

基本分类		具体内涵
自然人		中国公民、外国公民、无国籍人
法人	营利法人	有限责任公司、股份有限公司、其他企业法人等

基本分类		具体内涵
法人	非营利法人	事业单位、社会团体、基金会、社会服务机构等
	特别法人	农村集体经济组织法人、城镇农村的合作经济组织法人、机关法人、基层群众性自治组织法人 【小口诀】集体合作过关，基层群众特别
非法人组织		个人独资企业、合伙企业、不具有法人资格的专业服务机构等
国家		在特殊情况下，国家可以作为一个整体成为法律关系的主体

入门解读　本考点属于常考点，考点比较细碎，对于法律关系的主体要精准把握营利法人、非营利法人等具体哪些人。

（1）所谓法律关系主体，就是能够主导“关系产生、发展”的“主导人”。可以想象成故事中的主人公，能主导故事的产生、发展和结束。

（2）所谓“关系”最少需要两个主体，在他们之间形成以权利和义务为内容的法律关系。

（3）法人：法人是具有民事权利能力和民事行为能力，依法独立享有民事权利和承担民事义务的组织。法人取得的所得，缴纳企业所得税。

（4）非法人组织：不具有法人资格，能够依法以自己的名义从事民事活动的组织。个人独资企业的投资者、个人合伙人取得分红所得按照经营所得缴纳个人所得税。

考点 3　法律关系客体 ★★

（1）物：自然物和人造物、货币及有价证券、有体物和无体物。

（2）人身、人格：当人的头发、血液、骨髓、精子和其他器官从身体中分离出去，成为与身体相分离的外部之物时，在某些情况下也可视为法律上的“物”，成为法律关系的客体。

（3）智力成果：如作品、发明、实用新型、外观设计、商标等。

（4）信息、数据、网络虚拟财产：如矿产情报、产业情报、国家机密、商业秘密、个人隐私等。

（5）行为：生产经营行为、经济管理行为、完成一定工作的行为和提供一定劳务的行为等。

入门解读　该考点属于常考点，需要把握细节。

所谓“客体”是指法律关系主体的权利义务所指向的对象。所谓指向对象，通俗讲就是故事中的主人公之间因何产生了“爱恨情仇”，如房子争夺、公司股权纠纷，房子、股权就是所谓的客体。

入门三　税法总论

通过本部分你会了解：

关系：税收法律关系包含的内容；

要素：税法要素主要包括的内容。

考点 1　税收法律关系 ★★

<table>
<tr><th>要素</th><th colspan="3">具体内容</th></tr>
<tr><td rowspan="3">主体</td><td rowspan="2">征税主体</td><td>海关</td><td>负责征收：关税和船舶吨税
委托代征：进口增值税和消费税</td></tr>
<tr><td>税务机关</td><td>除由海关征收和委托海关代征的税种外，其他税种由税务机关负责征收和管理</td></tr>
<tr><td>纳税主体</td><td colspan="2">包括纳税人和扣缴义务人，具体表现形式有自然人、法人和其他组织</td></tr>
<tr><td>客体</td><td colspan="3">征税对象
【举例】企业所得税法律关系的客体就是生产经营所得和其他所得</td></tr>
<tr><td>内容</td><td colspan="3">主体所享受的权利和应承担的义务</td></tr>
</table>

入门解读　本考点属于基础概念，考试常考税收法律关系的主体。

1. 可以结合“入门二”理解。主体一定至少是“双方”，对于税收法律关系的主体就包括征税主体和纳税主体。征税主体代表“国家”，依法有征税的权利。纳税主体代表“纳税人”，依法有纳税的义务。

2. 税收法律关系的客体就是征税对象，可以理解为“对什么征税”。

考点 2　税法要素 ★★

1. 纳税义务人：依法负有纳税义务的单位和个人。

扣缴义务人：税法规定的，在其经营活动中负有代扣或代收税款并向国库缴纳义务的单位。

【案例】王某取得了工资、薪金所得，王某是个人所得税的纳税人，其所在单位是扣缴义务人。

2. 征税对象：

（1）也称课税对象，是税收法律关系的客体；

（2）不同的征税对象是区别不同税种的重要标志。

3. 税率

我国现行税法规定的税率有以下几种。

（1）比例税率，我国税收法律制度大量采取比例税率（例如，企业所得税的基本税率为25%）

（2）累进税率

①全额累进税率（我国目前不采用）

②超额累进税率（例如，个人所得税中“综合所得”适用7级超额累进税率）

③超率累进税率（例如，土地增值税适用4级超率累进税率）

（3）定额税率（例如，甲类啤酒的消费税税额为250元/吨）

4. 计税依据

（1）从价计征：以计税金额为计税依据；

（2）从量计征：以征税对象的重量、体积、数量等为计税依据。

5. 纳税环节

纳税环节主要是指税法规定的征税对象在从生产到消费的流转过程中应当缴纳税款的环节。

6. 纳税期限

纳税义务发生后应依法缴纳税款的期限，包括纳税义务发生时间、纳税期限、缴库期限。

7. 纳税地点

是指税法规定的纳税人（包括代征、代扣、代缴义务人）的具体申报缴纳税收的地方。

8. 税收优惠

（1）减税和免税。

（2）起征点。

征税对象的数额没有达到规定起征点的不征税；达到或超过起征点的，就其全部数额征税。

（3）免征额。

对纳税对象中的一部分给予减免，只就减除后的剩余部分计征税款。

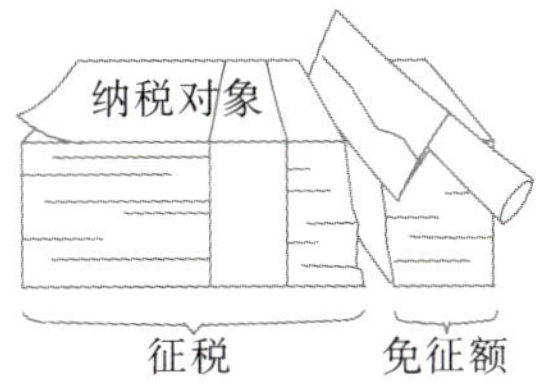

9. 法律责任

税法中的法律责任包括行政责任和刑事责任。

入门解读　本考点属于基础概念，先做简单了解，未来在进行实体税种学习时，考生将会理解得更透彻。

【辨析】全额累进税率与超额累进税率

①全额累进税率：按征税对象的绝对数额划分征收级距，就纳税人征税对象全部数额按与之相应的各级距税率计征的一种累进税率，即一定征税对象的数额只适用一个等级的税率。

举例 / 假设个人所得税的全额累进税率表如下：

级数	含税级距	税率（%）
1	不超过 1500 元的部分	3
2	超过 1500 元至 4500 元的部分	10
3	超过 4500 元至 9000 元的部分	20

小张应纳税所得额为 1499 元，小王应纳税所得额为 1501 元，分别计算应纳税额及税后收入。（单位：元）

纳税人	应纳税所得额	应纳税额	税后收入
小张	1499	1499 × 3%=44.97	1454.03
小王	1501	1501 × 10%=150.1	1350.90

【结论】通过计算可以看出，在全额累进税率计算方法下，小王比小张取得所得多 2 元，但为此支付所得税却多出 105.13 元，显然对于纳税人而言税负过重，所以我国不采用全额累进税率。

②超额累进税率：按征税对象的绝对数额划分征收级距，就纳税人征税对象全部数额中符合不同级距部分的数额，分别按与之相应的各级距税率计征的一种累进税率，即一定征税对象的数额会同时适用几个等级的税率。

为解决超额累进税率按原理计税在计算上的复杂性，实际工作中通常采用经过简化的计税方法，即采用"速算扣除数"。其基本原理是先按全额累进方法计算出一个税额，然后减去相应的速算扣除数，结果即为按超额累进税率方法计算的税额。

应纳税额 = 应纳税所得额 × 适用税率 − 速算扣除数

举例 / 个人所得税综合所得税率表

级数	全年应纳税所得额	税率（%）	速算扣除数（元）
1	不超过 36000 元的部分	3	0
2	超过 36000 元至 144000 元的部分	10	2520
3	超过 144000 元至 300000 元的部分	20	16920
4	超过 300000 元至 420000 元的部分	25	31920
5	超过 420000 元至 660000 元的部分	30	52920
6	超过 660000 元至 960000 元的部分	35	85920
7	超过 960000 元的部分	45	181920

小张应纳税所得额为 35999 元，小王应纳税所得额为 36001 元，分别计算应纳税额及税后收入。（单位：元）

纳税人	应纳税所得额	应纳税额	税后收入
小张	35999	35999 × 3%=1079.97	34919.03
小王	36001	36001 × 10%−2520=1080.1	34920.90

【结论】通过计算可以看出，在超额累进税率计算方法下，小王比小张取得所得多 2 元，最终缴完所得税后，小王的收入依然也比小张多。显然对于纳税人来说税负较为合理。

入门四 货物和劳务税法律制度

通过本部分你会了解：

增值税：增值税的含义；
消费税：消费税 15 个税目分别是什么。

货物和劳务税
- 增值税
- 消费税
- 关税（本书重点讲解增值税和消费税）

考点 1 增值税的理解 ★★★

增值税是对销售商品或者劳务过程中实现的增值额征收的一种税。即对销售方销售商品或劳务过程中产生的“增值额”征收的一种税。

入门解读 厂家以 10 元的价格（不含增值税，下同）购进布料生产衣服，以 100 元的价格卖给批发商，批发商购进衣服后再以 120 元卖给零售商，零售商最终以 200 元卖给消费者，增值税税率为 13%。

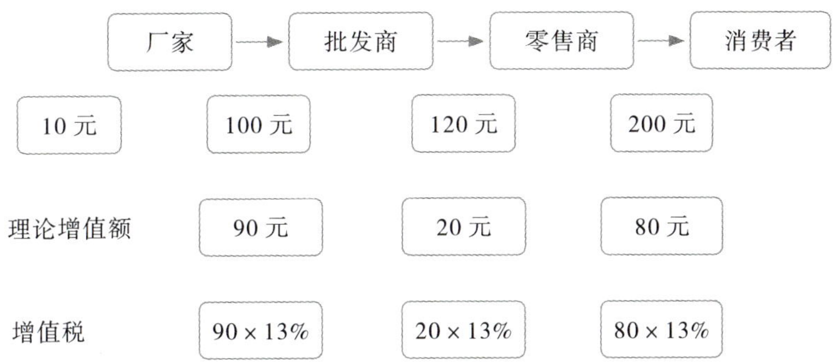

Q1：何为增值税？

A1：衣服流通环节：厂家→批发商→零售商→消费者，生活中我们叫作“卖衣服”，而税法的专业术语叫作货物处于“流通环节”。由于衣服在流通过程中产生了增值额（也就是卖衣服赚钱了），税务机关对该“增值额”征税，就叫作增值税。

Q2：何为纳税人？

A2：厂家、批发商、零售商都赚钱了，税务机关对“赚钱人”征收增值税。在税法专业术语中，我们把“赚钱人”叫作“增值税纳税人”。增值税的纳税人就是发生销售行为的销售方。

Q3：何为征税范围？

A3：由于纳税人发生了“销售衣服”这个行为，才需要缴纳增值税。在税法中，我们把需要缴纳增值税的行为叫作“应税销售行为”，也叫作征税范围。增值税征税范围是非常广的，包括从事销售或进口货物，销售劳务，销售服务、无形资产、不动产，在方方面面都是要征收增值税。在学习时需注意两点：

（1）不要机械式背诵内容，只需要记忆重点提示、易混点即可。

（2）一定要套用生活案例来进行理解。

【结论】增值税就是对在“流通环节”中产生“增值”的各种应税行为征收的一种税。

考点 2　消费税的理解 ★★★

消费税重在调控（以多征税抵制消费），征税对象通常是不利于健康的消费品，高档及奢侈性消费品，耗费资源、污染环境等 15 类消费品。

1. 定义

消费税是以特定的消费品的流转额为计税依据而征收的一种商品税。

2. 纳税义务人

通常是在中华人民共和国境内生产、委托加工或进口应税消费品的单位和个人。

3. 征税范围（共 15 类）

分类	税目
过度消费会对人类健康、社会秩序和生态环境等造成危害的消费品	①烟 ②酒 ③鞭炮、焰火 ④木制一次性筷子 ⑤实木地板 ⑥电池 ⑦涂料
奢侈品、非生活必需品	①贵重首饰及珠宝玉石 ②高档化妆品 ③高尔夫球及球具 ④高档手表 ⑤游艇
高能耗的高档消费品	①小汽车 ②摩托车
不可再生和替代的石油类消费品	成品油

入门解读　本考点属于重点内容。消费税的 15 类税目需要精准记忆，按照“励志爱情故事”进行记忆。

故事男主人公：小混混，其特征抽烟、喝酒、骑摩托车。女主人公：富家女，其特征喜欢高档化妆品和贵重首饰及珠宝玉石，把自己打扮得珠光宝气。

某天，小混混在街上闲逛，茫茫人海中看到富家女，心中的小鹿东冲西撞，为了使心爱的女孩过上完美的生活，小混混为爱奋发图强开了一家成品油公司，公司经营良好迅速崛起。小混混摇身一变，变成了成品油王老五，生活品质直线上升，戴上了高档手表，开上了小汽车，约朋友打高尔夫球，在游艇上聚会。

终于，小混混向富家女表白。富家女看到小混混如此有上进心，便接受了小混混的表白。

两人开始筹备婚礼。装修婚房，要铺实木地板、涂涂料、装智能家居（需要装电池）。婚房装修好后，俩人要举办婚礼。婚礼当天会燃放鞭炮、焰火，宴请宾客会用到木制一次性筷子。

故事记忆	消费税税目
小混混特征	烟、酒、摩托车
富家女特征	高档化妆品、贵重首饰及珠宝玉石
逆袭途径	成品油
有钱人生活	高档手表、小汽车、高尔夫球及球具、游艇
装修婚房	实木地板、涂料、电池
婚礼现场	鞭炮焰火、木制一次性筷子

入门五　所得税法律制度

↘　**通过本部分你会了解：**

特点：所得税有什么特点；
类型：我国所得税的类型；
项目：个人所得税应税所得项目都包括哪些内容。

对法人、自然人和其他经济组织在一定时期内的各种所得征收的一类税收——
- 对法人组织的所得征收的是企业所得税
- 对个人的所得征收的是个人所得税

考点　所得税的理解 ★★★

一、所得税的特点

（1）征税对象是所得，包括各类所得。
（2）计税依据（所得额）的确定较为复杂，通常是从总所得额中减去依法允许扣除的金额。
（3）个人所得税领域比例税率与累进税率并用，累进税率量能课税，对保障公平更有利。
（4）所得税是直接税，税负不易转嫁。另外，所得税作为直接税，以纳税人的实际负担能力为计税依据，无所得则不征税，与流转税不同，流转税一般只要有商品流转收入就要征税。
（5）在税款缴纳上大部分实行总分结合，即先分期预缴，到年终再清算，以满足国家稳定获取财政收入的需要。

二、我国所得税

组织形式	法人资格	是否缴纳企业所得税
公司制企业	具有法人资格	缴纳企业所得税
个人独资企业、合伙企业	不具有法人资格	个人独资企业和合伙企业本身不缴纳企业所得税——合伙企业的合伙人如果是个人就缴纳个人所得税，如果是法人就缴纳企业所得税

三、个人所得税应税所得项目

（1）工资、薪金所得；（2）劳务报酬所得；（3）稿酬所得；（4）特许权使用费所得；（5）经营所得；（6）利息、股息、红利所得；（7）财产租赁所得；（8）财产转让所得；（9）偶然所得。

1. 综合所得

（1）居民个人取得第（1）~（4）项所得（以下称“综合所得”），按纳税年度合并计算个人所得税。

（2）非居民个人取得第（1）~（4）项所得，按月或者按次分项计算个人所得税。

2. 纳税人取得第（5）~（9）项所得，分别计算个人所得税。

入门解读　本考点经常考查对基础概念的理解，需要掌握个人所得税的征税范围、综合所得的界定及内容。

（1）综合所得包括工资薪金所得、劳务报酬所得、稿酬所得和特许权使用费所得四项。

（2）居民个人取得综合所得，按年计算个人所得税；有扣缴义务人的，由扣缴义务人按月或者按次预扣预缴税款；需要办理汇算清缴的，应当在取得所得的次年3月1日至6月30日内办理汇算清缴。

入门六　银行结算账户

通过本部分你会了解：

种类：银行结算账户的种类；
开立：银行结算账户的开立要求；
使用：单位银行结算账户的使用要求。

考点 1　银行结算账户的概念及种类 ★

1. 概念

银行结算账户是指银行为存款人开立的办理资金收付结算的活期存款账户。

2. 单位银行结算账户的种类包括基本存款账户、一般存款账户、专用存款账户、临时存款账户。

入门解读　本考点属于概念性内容，了解即可，需注意掌握对存款人的理解：

（1）银行结算账户按存款人不同分为单位银行结算账户和个人银行结算账户。

（2）个体工商户

①存款人凭个人身份证件以自然人名称开立的银行结算账户为个人银行结算账户。

②个体工商户凭营业执照以字号或经营者姓名开立的银行结算账户纳入单位银行结算账户管理。

考点 2　银行结算账户开立要求 ★

一、备案制、核准制的理解

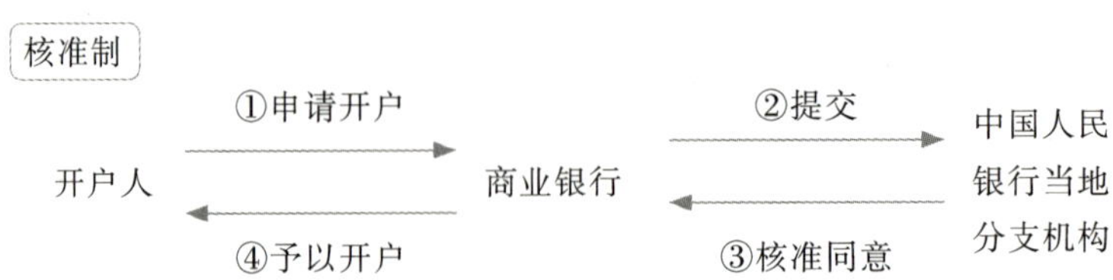

二、具体规定

（1）企业（在境内设立的企业法人、非法人企业和个体工商户）银行结算账户的开立实行备案制。

（2）预算单位专用存款账户；企业以外的其他单位开立的基本存款账户、临时存款账户（验资账户除外）；合格境外机构投资者在境内从事证券投资开立的人民币特殊账户和人民币结算资金账户实行核准制。

入门解读 本考点属于概念性内容，需要理解和掌握。需辨析清楚的是：关于法人的结算账户中，企业法人（也称为营利法人）的基本存款账户、临时存款账户均为备案制；特别法人、非营利法人的基本存款账户、临时存款账户（验资账户除外）均为核准制。

考点 3 单位各类银行结算账户使用要求 ★★

一、基本存款账户

（1）基本存款账户是存款人因办理日常转账结算和现金收付需要开立的银行结算账户。

（2）基本存款账户是存款人的主办账户，一个单位只能开立一个基本存款账户。

（3）存款人日常经营活动的资金收付及工资、奖金和现金的支取，应通过基本存款账户办理。

二、一般存款账户

（1）一般存款账户是存款人因借款或其他结算需要，在基本存款账户开户银行以外的银行营业机构开立的银行结算账户。

（2）一般存款账户用于办理存款人借款转存、借款归还和其他结算的资金收付。

（3）一般存款账户可以办理现金缴存，但不得办理现金支取。

三、专用存款账户

专用存款账户是存款人依法对其特定用途资金进行专项管理和使用而开立的银行结算账户。

四、临时存款账户

（1）临时存款账户是指存款人因临时需要并在规定期限内使用而开立的银行结算账户。

（2）适用范围

①设立临时机构，例如工程指挥部、筹备领导小组、摄制组等；

②异地临时经营活动，例如建筑施工及安装单位等在异地的临时经营活动；

③注册（增资）验资；

④军队、武警单位承担基本建设或者异地执行作战、演习、抢险救灾、应对突发事件等临时任务。

（3）临时存款账户应根据有关开户证明文件确定的期限或存款人的需要确定其有效期限，最长不得超过2年。

（4）注册验资的临时存款账户在验资期间只收不付，其他临时存款账户支取现金应依法办理。

入门解读　本考点属于常考点。本考点各类题型都会涉及，其中一般存款账户可以结合基本存款账户命制不定项选择题；临时存款账户一般单独命制选择题，难度都不大。需注意：

（1）不是所有的企业都需要把四个类型账户全部开立，而是企业按需开立。

（2）先开立基本存款账户，后开立其他银行结算账户。

入门七　职工基本社会保险

通过本部分你会了解：

概述：基本社会保险体系、登记时限、征缴规定；

计算：职工基本社会保险的缴费计算。

考点 1　职工基本社会保险概述 ★

1. 职工基本社会保险体系

费用缴纳主体	险种
单位和个人都需缴费	职工基本养老保险 职工基本医疗保险 失业保险
单位缴费，个人无须缴费	工伤保险

2. 社会保险登记

（1）单位的社会保险登记。

企业在办理登记注册时，同步办理社会保险登记。企业以外的缴费单位应当自成立之日起 30 日内，向当地社会保险经办机构申请办理社会保险登记。

（2）职工个人的社会保险登记。

用人单位应当自用工之日起 30 日内为其职工向社会保险经办机构申请办理社会保险登记。

3. 社会保险费的征缴

（1）从 2019 年 1 月 1 日起，将基本养老保险费、基本医疗保险费、失业保险费、工伤保险费等各项社会保险费交由税务部门统一征收。

（2）用人单位应当自行申报、按时足额缴纳社会保险费，非因不可抗力等法定事由不得缓缴、减免。

（3）职工应当缴纳的社会保险费由用人单位代扣代缴，用人单位应当按月将缴纳社会保险费的明细情况告知本人。

考点 2　职工基本社会保险的缴费计算 ★

	单位缴费	个人缴费
职工基本养老保险	本单位职工工资总额 × 题目给定比例（一般为 16%）	个人养老账户月存储额 = 本人月缴费工资 × 8%

	单位缴费	个人缴费
职工基本医疗保险	本单位职工工资总额 × 题目给定比例（一般为 6%）	个人医疗保险账户月储存额 = 单位缴费数额 × 题目给定的强制划入比例（一般为 30%）+ 本人工资 × 题目给定比例（一般为 2%）
失业保险	本单位工资总额 × 题目给定的单位缴费率	本人工资 ×（题目给定的总费率 – 题目给定的单位缴费率）= 本人工资 × 题目给定的个人缴费率
工伤保险	本单位职工工资总额 × 题目给定的缴费率	无须缴费

入门解读　**【案例】**甲公司职工郑某月工资为 4500 元，已知该企业适用的职工基本养老保险费率为职工工资总额的 16%、职工基本医疗保险费率为 6%、失业保险总费率为 1%、失业保险的单位缴费率为 0.8%、工伤保险费率为 0.8%；医疗保险个人缴费率为 2%。单位所缴医疗保险费划入个人医疗保险账户的具体比例为 30%。

【分析】

（1）应由郑某个人负担的基本社会保险费（由用人单位代扣代缴）：养老保险费 4500 × 8%=360（元）；医疗保险费 4500 × 2%=90（元）；失业保险费 4500 ×（1%–0.8%）=9（元）；共缴社会保险费 360+90+9=459（元）。

（2）单位应为其缴纳的社会保险费：养老保险费 4500 × 16%=720（元）；医疗保险费 4500 × 6%=270（元）；失业保险费 4500 × 0.8%=36（元）；工伤保险费 4500 × 0.8%=36（元）；共缴社会保险费 720+270+36+36=1062（元）。

（3）郑某基本医疗保险个人账户本月资金增加额 = 单位缴费数额 × 30%+ 本人缴费金额 =270 × 30%+90=171（元）。

进一步学习建议

拿到“轻松过关®1”后，考生需要对法的渊源，法律关系，各类企业银行结算账户开立与使用的具体要求，税法要素，增值税销项税额与进项税额的确认，消费税征税环节，企业所得税扣除项目及标准，个人所得税各税目计税规则，职工基本社会保险的缴费计算考点进行深入学习，重点关注法的制定机关，银行结算账户备案制与核准制，单位各类银行结算账户使用要求，增值税一般计税方法，不同环节消费税的处理，企业所得税各项目的扣除标准以及居民个人取得综合所得的税额计算等。在学习过程中，听一遍基础班的课程，并利用“轻松过关®1”中的相关习题进行巩固。

扫码听课

专题先学篇

专题一　增值税

互助群 · 23 年「东奥初级抢学群」

打开微信扫描右方二维码，加入学习社群，畅享多维服务。

• 严选资料　• 考点巩固　• 每日一练　• 陪伴督学

增值税是经济法基础中最重要的税种之一，同时也为学好其他税种奠定基础。文字题考查方向：征税范围、视同销售、不征收增值税的情形、一般纳税人选择简易计税的情形、不得抵扣进项税额的情形、增值税税收优惠、增值税征收管理。计算题考查方向：增值税应纳税额的计算，如一般计税规定、特殊销售方式、差额计税。

通过本专题你会了解：

纳税人：如何区分增值税一般纳税人和小规模纳税人；
征税范围：增值税的征税范围，不征收增值税的情形有哪些；
视同销售：哪些行为属于视同销售行为；
一般计税：销项税额如何计算，准予抵扣进项税额如何确认；
简易计税：小规模纳税人如何计算应纳税额。

专题小词典

价内税

产品在出厂销售之前就已定价 100 元，定价时已把税款 5 元算入其中，即税款 5 元是包含在 100 元价款之中的，因此叫“价内税”，如消费税。

价外税

商品的价格为 100 元，然后在定好的价格额外征一笔 13 元的税款，13 元是独立于 100 元之外收取的，是价外税，如增值税。

进项税额

进项税额是指纳税人购进货物、劳务、服务、无形资产或者不动产，支付或者负担的增值税额。

销项税额

销项税额是指纳税人发生应税销售行为，按照不含税销售额和适用税率计算并向购买方收取的增值税税款。

计算公式：销项税额 = 不含税销售额 × 适用税率。

考点 1　增值税的纳税人 ★★

考点导学　**（一）增值税的纳税人**

在中华人民共和国境内销售货物、劳务，进口货物以及销售服务、无形资产或者不动产的单位和个人，为增值税的纳税人。

（二）增值税纳税人分类

根据纳税人的经营规模以及会计核算健全程度的不同，增值税的纳税人可以分为一般纳税人和小规模纳税人。

项目	小规模纳税人	一般纳税人
标准	年应税销售额≤ 500 万元	年应税销售额＞ 500 万元
特殊情况	其他个人，“必须”按小规模纳税人纳税	小规模纳税人“会计核算健全、能够准确提供税务资料的”，可以申请登记为一般纳税人
计税规定	简易计税方法（应纳税额 = 不含税销售额 × 征收率）	①一般计税方法（应纳税额 = 销项 – 进项） ②简易计税方法
专票开具	均可以自行开具增值税专用发票（其他个人除外）	

【提示】

（1）年应税销售额超过小规模纳税人标准的其他个人（除个体工商户以外的其他自然人）按小规模纳税人纳税。

（2）除国家税务总局另有规定外，纳税人一经登记为一般纳税人后，不得转为小规模纳税人。

考点解读　本考点属于基础概念型考点，学习时需要区分小规模纳税人和一般纳税人在核算时有何不同。

（1）小规模纳税人就像“小孩”一样，小孩的世界比较简单，核算时采取简易计税方法。

（2）一般纳税人就像“成人”一样，成人的世界是复杂的，核算时原则上按照一般计税方法，在销售时核算销项税额，购进时核算进项税额，销项税额减去进项税额，等于该一般纳税人当期应纳增值税税额；但一般纳税人某些特殊项目也可以选择简易计税方法。

牛刀小试 **【单选题】**根据增值税法律制度的规定，下列关于小规模纳税人征税规定的表述中，不正确的是（　　）。

A. 实行简易征税办法　　B. 一律不使用增值税专用发票

C. 不允许抵扣增值税进项税额　　D. 可以开具增值税专用发票

【解析】（1）选项 AC：小规模纳税人实行简易计税方法，不得抵扣进项税额；（2）选项 BD：小规模纳税人（其他个人除外）可以选择使用增值税发票管理系统自行开具增值税专用发票，或者向税务机关申请代开。选择自行开具增值税专用发票的小规模纳税人，税务机关不再为其代开。

【答案】B

考点 2　征税范围基本规定 ★★★

考点导学

<table>
<tr><th>征税范围</th><th colspan="2">具体内容</th></tr>
<tr><td>销售、进口货物</td><td colspan="2">（1）货物：指有形动产，包括电力、热力、气体在内
（2）销售：有偿转让。不论从购买方取得货币，还是取得货物或者其他经济利益，均属于有偿</td></tr>
<tr><td>销售无形资产</td><td colspan="2">无形资产，主要包括：
（1）技术（包括专利技术和非专利技术）、商标、著作权、商誉
（2）自然资源使用权
（3）其他权益性无形资产</td></tr>
<tr><td>销售不动产</td><td colspan="2">（1）不动产，分为：①建筑物；②构筑物，如道路、桥梁、隧道、水坝等建造物
（2）在转让建筑物、构筑物时一并转让其所占土地的使用权的，按照销售不动产缴纳增值税</td></tr>
<tr><td>销售加工、修理修配劳务</td><td colspan="2">（1）加工，是指受托加工货物，即委托方提供原料及主要材料，受托方按照委托方的要求，制造货物并收取加工费的业务
（2）修理修配，是指受托对损伤和丧失功能的货物进行修复，使其恢复原状和功能的业务</td></tr>
<tr><td>销售服务</td><td>交通运输服务</td><td>包括陆路运输服务、水路运输服务、航空运输服务和管道运输服务</td></tr>
</table>

征税范围	具体内容	
销售服务	邮政服务	指中国邮政集团公司及其所属邮政企业提供邮件寄递、邮政汇兑和机要通信等邮政基本服务的业务活动
	电信服务	包括： （1）基础电信服务，如语音通话服务 （2）增值电信服务，如短信和彩信服务
	建筑服务	包括： （1）工程服务 （2）安装服务 （3）修缮服务 （4）装饰服务 （5）其他建筑服务
	金融服务	包括： （1）贷款服务 （2）直接收费金融服务 （3）保险服务 （4）金融商品转让
	现代服务	包括： （1）研发和技术服务 （2）信息技术服务 （3）文化创意服务 （4）物流辅助服务 （5）租赁服务 （6）鉴证咨询服务 （7）广播影视服务 （8）商务辅助服务 （9）其他现代服务
	生活服务	包括： （1）文化体育服务 （2）教育医疗服务 （3）旅游娱乐服务 （4）餐饮住宿服务 （5）居民日常服务 （6）其他生活服务

考点解读　本考点属于重要考点，每年都会出单选题、多选题，需要重点把握。

（1）销售服务的内容最多，有 7 大项，记忆口诀：“金先（现）生交邮电建”。

（2）现代服务 vs 生活服务：

①现代服务属于高科技、高技术含量，国家重点扶持行业等“高大上”行业；

②生活服务比较“接地气”，服务接受对象多为个人。

牛刀小试 【单选题】根据增值税法律制度的规定，下列各项中，应按“销售无形资产”缴纳增值税的是（ ）。

A. 转让在建的建筑物所有权 B. 转让海域使用权

C. 转让建筑物有限产权 D. 转让建筑物永久使用权

【解析】选项 ACD：转让建筑物有限产权或者永久使用权的，转让在建的建筑物或者构筑物所有权的，按照销售不动产缴纳增值税。

【答案】B

【单选题】根据增值税法律制度的相关规定，下列行为中，应按照“销售不动产”税目计缴增值税的是（ ）。

A. 将建筑物广告位出租给其他单位用于发布广告

B. 销售底商（建筑物底层商铺）

C. 转让高速公路经营权

D. 转让国有土地使用权

【解析】（1）选项 A：按照“销售服务—租赁服务”计缴增值税；（2）选项 CD：按照“销售无形资产”计缴增值税。

【答案】B

考点 3 视同销售行为 ★★★

考点导学 视同销售行为包括视同销售货物、服务、无形资产或者不动产的行为。

（一）视同销售货物行为

发生行为 / 货物来源	用途	是否视同销售货物
代销	（1）将货物交付其他单位或者个人代销 （2）销售代销货物	视同销售货物
货物移送	设有两个以上机构并实行统一核算的纳税人，将货物从一个机构移送至其他机构用于销售，但相关机构设在同一县（市）的除外	视同销售货物
自产、委托加工的货物	用于集体福利、个人消费	视同销售货物
	用于投资、分配、赠送	
购进的货物	用于集体福利、个人消费	不视同销售货物
	用于投资、分配、赠送	视同销售货物

（二）视同销售服务、无形资产或者不动产

（1）单位或者个体工商户向其他单位或者个人无偿提供服务，属于视同销售服务。

（2）单位或者个人向其他单位或者个人无偿转让无形资产或者不动产，属于视同销售无形资产或不动产。

【提示】以上两项内容，用于公益事业或者以社会公众为对象的不视同销售。

考点解读 本考点属于重点考查内容，需要全面把握。

1. 委托代销的理解：

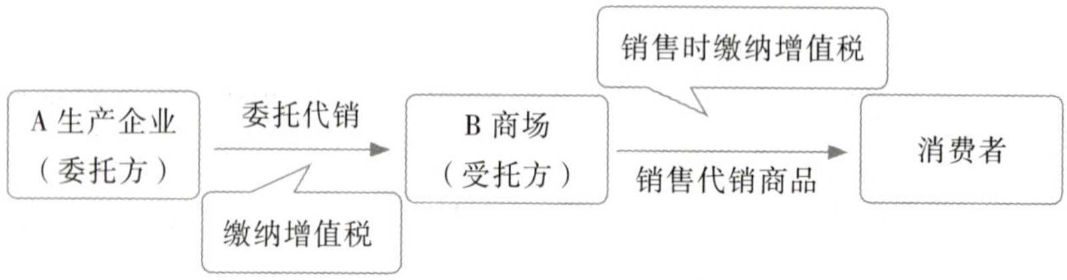

2. 外购货物和自产、委托加工收回的货物视同销售记忆方法：

自产、委托加工的货物	"福、人"	视同销售货物
	"投、分、送"	
购进的货物	"福、人"	不视同销售货物
	"投、分、送"	视同销售货物

牛刀小试 【多选题】根据增值税法律制度的规定，下列各项中，应视同销售货物缴纳增值税的有（　　）。

A. 将购进货物分配给股东　　B. 将购进货物用于集体福利

C. 将购进货物无偿赠送给其他单位　　D. 将购进货物投资给其他单位

【解析】（1）选项ACD：将购进的货物用于"投分送"，应视同销售货物计算增值税。（2）选项B：将购进的货物用于集体福利，不视同销售货物。

【答案】ACD

【多选题】甲公司为增值税一般纳税人。2021年11月购进下列货物发生的用途中，属于增值税视同销售缴纳增值税的有（　　）。

A. 用于交际应酬而购进的酒类产品

B. 用于无偿赠送而购进的动力燃料

C. 为本公司职工健身使用而购进的健身器材

D. 为对外投资而购进的机器设备

【解析】（1）选项AC：将外购货物用于集体福利或者个人消费（含交际应酬），增值税不视同销售；（2）选项BD：将购进的货物用于"投分送"，应视同销售货物计算增值税。

【答案】BD

考点 4　不征收增值税情形 ★★

考点导学　（1）根据国家指令无偿提供的铁路运输服务、航空运输服务，属于《营业税改征增值税试点实施办法》规定的用于公益事业的服务，不征收增值税。

（2）存款利息，不征收增值税。

（3）被保险人获得的保险赔付，不征收增值税。

（4）房地产主管部门或者其指定机构、公积金管理中心、开发企业以及物业管理单位代收的住宅专项维修资金，不征收增值税。

（5）在资产重组过程中，通过合并、分立、出售、置换等方式，将全部或者部分实物资产以及与其相关联的债权、负债和劳动力一并转让给其他单位和个人，其中涉及的货物、不动产、土地使用权转让行为，不征收增值税。

考点解读　本考点属于常考点，经常出判断题，一般原文考查，按照下列【小口诀】进行记忆。

【小口诀】“公主住城（存）堡”。

牛刀小试　**【单选题】**根据增值税法律制度的相关规定，下列各项中，应征收增值税的是（　　）。

A. 被保险人获得的保险赔付

B. 航空公司根据国家指令无偿提供用于公益事业的航空运输服务

C. 居民存款利息

D. 母公司向子公司出售不动产

【解析】（1）选项 A：被保险人获得的保险赔付，不征收增值税。（2）选项 B：根据国家指令无偿提供的铁路运输服务、航空运输服务，属于《营业税改征增值税试点实施办法》规定的用于公益事业的服务，不视同销售服务，不征收增值税。（3）选项 C：存款利息，不征收增值税。

【答案】D

考点 5　增值税税率 ★

考点导学

税率	征收范围
基本税率 13%	（1）销售或者进口货物，除税法规定适用 9% 税率或者零税率的外 （2）销售劳务 （3）销售有形动产租赁服务

<table>
<tr><th>税率</th><th colspan="2">征收范围</th></tr>
<tr><td rowspan="2">低税率
9%</td><td>货物</td><td>（1）农产品相关
粮食等农产品、农药、农机、农膜、化肥、沼气
（2）人民生活相关
自来水、暖气、石油液化气、天然气、食用植物油、冷气、热水、煤气、居民用煤炭制品、食用盐
（3）文化产品相关
图书、报纸、杂志、音像制品、电子出版物
（4）特殊品
二甲醚</td></tr>
<tr><td>营改增相关服务</td><td>提供交通运输、邮政、基础电信、建筑、不动产租赁服务，销售不动产，转让土地使用权</td></tr>
<tr><td>低税率
6%</td><td colspan="2">（1）现代服务（租赁服务除外）
（2）增值电信服务
（3）金融服务
（4）生活服务
（5）销售无形资产（转让土地使用权除外）</td></tr>
</table>

考点解读　本考点一般属于非考点，税率不属于初级考试的考查范围，通常具体税率和征收率考试以已知条件给出。但适用9%税率的货物曾经考查过，应掌握此部分内容。

牛刀小试　**【单选题】**根据增值税法律制度的规定，一般纳税人销售的下列货物中，适用9%增值税税率的是（　　）。

A. 洗衣液　　B. 文具盒　　C. 杂粮　　D. 蔬菜罐头

【解析】（1）选项ABD：适用13%的基本税率；（2）适用9%税率的农产品，是指各种植物、动物的“初级”产品，而蔬菜罐头（选项D）已属深加工产品。

【答案】C

考点6　增值税销项税额 ★★★

考点导学　**（一）一般计税方法**

当期应纳税额 = 当期销项税额 − 当期准予抵扣的进项税额

当期销项税额 = 不含增值税销售额 × 适用税率

= 含增值税销售额 ÷（1+ 适用税率）× 适用税率

（二）销项税额

1. 销售额的确定

销售额，通常是指纳税人发生应税行为向购买方收取的全部价款和价外费用，但不包括收取的销项税额。

2. 价外费用

- 价外费用
  - 属于价外费用
    - 价外向购买方收取的手续费、补贴、基金、集资费、返还利润、奖励费、违约金、滞纳金、延期付款利息、赔偿金、代收款项、代垫款项、包装费、包装物租金、储备费、优质费，运输装卸费以及其他各种性质的价外收费
    - 【提示】包装物押金不属于价外费用
  - 不属于价外费用
    - 上交给国家的
      - （1）受托方代收代缴的消费税
      - （2）符合条件代收的政府性基金或行政事业性收费
      - （3）代缴的车辆购置税、车辆牌照费
    - 给保险公司的……代办保险收取的保险费
    - 非自己开票的……以委托方名义开具发票代委托方收取的款项

考点解读　本考点属于常考点，经常以计算题的形式出现。

1. 如何判断是否含税？

含税销售额	不含税销售额
（1）商业企业零售价为含税价 （2）普通发票上注明的销售额是含税价 （3）价外费用为含增值税收入 （4）需要并入销售额一并纳税的包装物押金为含增值税收入	（1）题中明确说明是不含税的 （2）增值税专用发票上注明的金额 （3）机动车销售统一发票上注明的金额 （4）海关进口增值税专用缴款书上注明的金额 （5）中华人民共和国税收缴款凭证（完税凭证）上注明的金额

2. 如何价税分离？

计算销项税额时，不含增值税销售额 = 含增值税销售额 ÷（1+ 适用税率）。

【案例 1】某百货商店为增值税一般纳税人，本月向消费者销售洗衣机 100 台，零售价为 1130 元 / 台。已知，洗衣机适用的增值税税率为 13%。

Q：该百货商店上述业务应计算的增值税销项税额为多少元？

A：该百货商店上述业务应计算的增值税销项税额 =1130 × 100 ÷（1+13%）× 13%=13000（元）。

【案例 2】甲商业银行 M 支行为增值税一般纳税人，2021 年第四季度提供贷款服务取得含增值税利息收入 6491.44 万元。已知，金融服务适用的增值税税率为 6%。

Q：M 支行第四季度提供贷款服务取得的利息收入应计算的销项税额为多少万元？

A：M 支行第四季度提供贷款服务取得的利息收入应计算的销项税额 =6491.44 ÷（1+6%）× 6%=367.44（万元）。

牛刀小试　**【单选题】**甲食品厂为增值税一般纳税人，2021年6月销售袋装食品取得含税价款79100元，另收取包装物租金11300元。已知，增值税税率为13%，则计算甲食品厂当月该笔销售业务销项税额的算式中正确的是（　　）。

A. 79100×13%=10283（元）

B.（79100+11300）×13%=11752（元）

C. 79100÷（1+13%）×13%=9100（元）

D.（79100+11300）÷（1+13%）×13%=10400（元）

【解析】（1）销售货物收取的包装物租金属于价外费用；（2）价外费用是含税收入，而销售袋装食品取得的“79100元”题目亦明确交代为含税价款；（3）销项税额=（79100+11300）÷（1+13%）×13%=10400（元）。

【答案】D

【单选题】甲服装厂为增值税一般纳税人，2021年6月销售服装取得不含税价款70000元，另收取优质费11300元。已知，增值税税率为13%，则计算甲服装厂当月该笔销售业务销项税额的算式中正确的是（　　）。

A.（70000+11300）×13%=10569（元）

B.（70000+11300）÷（1+13%）×13%=9353.10（元）

C.［70000+11300÷（1+13%）］×13%=10400（元）

D.［70000÷（1+13%）+11300］×13%=9522.10（元）

【解析】（1）销售货物收取的优质费属于价外费用；（2）价外费用是含税收入，而销售服装取得的“70000元”题目明确交代为不含税价款；（3）销项税额=［70000+11300÷（1+13%）］×13%=10400（元）。

【答案】C

考点7　增值税进项税额 ★★★

考点导学　**（一）基本概况**

- 进项税额抵扣方法
  - 凭票抵扣
    - （1）增值税专用发票（含税控机动车销售统一发票）
    - （2）海关进口增值税专用缴款书
    - （3）代扣代缴税款的完税凭证
    - （4）增值税电子普通发票（仅限于国内旅客运输服务）
  - 计算抵扣
    - （1）农产品销售发票
    - （2）农产品收购发票
    - （3）符合规定的国内旅客运输服务发票

（二）不得抵扣的进项税额

1. 用于不产生销项税额的项目

购进货物、加工修理修配劳务、服务、无形资产和不动产用于简易计税方法计税项目、免征增值税项目、集体福利或者个人消费。

2. 非正常损失

非正常损失是指因管理不善造成货物被盗、丢失、霉烂变质的损失，以及因违反法律法规造成货物或不动产被依法没收、销毁、拆除的情形。

3. 特殊服务

购进的贷款服务、餐饮服务、居民日常服务和娱乐服务。

考点解读　本考点属于重点内容，各类题型均可命制，需要全面掌握。

1. 进项税额抵扣的原则

（1）购进抵扣，而不是领用抵扣；

（2）有凭票抵扣法，也有计算抵扣法；

（3）有销项税额，才可抵扣进项税额，无销项税额，进项税额不得抵扣；

（4）已经抵扣进项税额的，后发生改变用途用于不得抵扣进项税额项目、非正常损失等情形，需做进项税额转出。

2. 进项税额是否准予抵扣取决于两点：票合规和用途对。具体根据以下内容进行辨析理解：

Q1：某制药厂为增值税一般纳税人，购进一批药材，取得增值税专用发票，其药材用于生产避孕药品。试问，该药材可以抵扣进项税额吗？

A1：不得抵扣，外购货物用于免税项目，进项税额不得抵扣。

Q2：某制药厂为增值税一般纳税人，购进一批药材，取得增值税普通发票，其药材用于生产普通药品。试问，该药材可以抵扣进项税额吗？

A2：不得抵扣，因为外购货物取得增值税普通发票不得抵扣进项税额。

Q3：某制药厂为增值税一般纳税人，购进一批药材，取得增值税专用发票，其药材用于生产普通药品。试问，该药材可以抵扣进项税额吗？

A3：可以抵扣。

Q4：某工厂为增值税一般纳税人，购进一批食材，取得增值税专用发票，其食材作为福利发放给职工。试问，该食材可以抵扣进项税额吗？

A4：不得抵扣，外购货物用于集体福利，进项税额不得抵扣。

Q5：某工厂为增值税一般纳税人，购进一批食材，取得增值税专用发票，其食材对外赠送给其他合作企业。试问，该食材可以抵扣进项税额吗？

A5：可以抵扣，外购货物用于对外捐赠，视同销售，进项税额可以抵扣。

牛刀小试　**【单选题】**根据增值税法律制度的规定，下列情况中，外购货物发生的进项税额准予抵扣的是（　　）。

A. 将外购货物用于免征增值税项目

B. 将外购货物用于交际应酬

C. 将外购货物用于集体福利

D. 将外购货物用于对外捐赠

【解析】选项 ABC：将外购货物用于免征增值税项目、集体福利或者个人消费（含交际应酬），进项税额不得抵扣。

【答案】D

【单选题】甲公司为增值税一般纳税人。2021 年 12 月购进下列货物取得的增值税专用发票上注明的税额，准予从销项税额中抵扣的是（　　）。

A. 用于交际应酬而购进的酒类产品

B. 用于一般计税项目生产而购进的动力燃料

C. 为本公司职工健身使用而购进的健身器材

D. 为对外提供农业排灌而购进的排灌设备

【解析】购进的货物用于免征增值税项目（选项 D）、个人消费（选项 A）、集体福利（选项 C）不得抵扣进项税额。

【答案】B

考点 8　小规模纳税人简易计税办法 ★

考点导学

（1）小规模纳税人应按照销售额和征收率计算应纳税额，且不得抵扣进项税额。

（2）应纳税额 = 不含税销售额 × 征收率

= 含税销售额 ÷（1+ 征收率）× 征收率

（3）征收率为 3% 或 5%，但存在特殊情形下减按 0.5%、1%、2% 计税的情况。

考点解读

本考点主要考查基础运算，小规模纳税人应纳税额计算一般出单选题，考生应该掌握基本计算。

牛刀小试

【单选题】甲便利店为增值税小规模纳税人，2019 年第四季度零售商品取得收入 515000 元；将一批外购商品无偿赠送给物业公司用于社区活动，该批商品的含税价格 721 元。已知增值税征收率为 3%。计算甲便利店第四季度应缴纳增值税税额的下列算式中，正确的是（　　）。

A. [515000+721 ÷（1+3%）] × 3%=15471（元）

B.（515000+721）× 3%=15471.63（元）

C. [515000 ÷（1+3%）+721] × 3%=15021.63（元）

D.（515000+721）÷（1+3%）× 3%=15021（元）

【解析】（1）商业企业的零售价属于含增值税价，甲便利店零售商品取得的 515000 元收入应先价税分离；（2）将外购的货物用于赠送，应视同销售货物；

（3）甲便利店是小规模纳税人。因此，甲便利店第四季度应缴纳的增值税税额 =（515000+721）÷（1+3%）×3%=15021（元）。

【答案】D

专题复盘

- 增值税（一）
  - 纳税人
    - 分类
      - 小规模纳税人
      - 一般纳税人
    - 标准
      - 500 万元及以下（小规模纳税人）
  - 征税范围基本规定
    - 销售 / 进口货物
      - 有形动产
    - 销售劳务
      - 加工劳务
      - 修理修配劳务
        - 有形动产
    - 销售无形资产、不动产
    - 销售服务
      - 交通运输服务、邮政服务、电信服务、建筑服务、金融服务、生活服务和现代服务
  - 视同销售行为
    - 视同销售货物
      - 代销行为
        - 委托代销、销售代销货物
      - 货物移送
        - 统一核算，不同县（市），发生移送行为
      - 自产 / 委托加工收回货物
        - “福、人”
        - “投、分、送”
      - 外贸货物
        - 视同销售
          - “投、分、送”
        - 不视同销售
          - “福、人”
    - 视同销售服务、无形资产或者不动产
  - 不征收增值税情形
    - 公益事业的铁路运输、航空运输服务
    - 资产重组
    - 存款利息
    - 保险赔付
    - 代收的住宅专项维修资金

进一步学习建议

拿到“轻松过关®1”后，考生需要对一般计税方法的计税规则进行深入学习，重点关注进项税额的抵扣。在学习过程中，听一遍基础班的课程，并利用“轻松过关®1”中的相关习题进行巩固。

扫码听课

18%

专题学习进度

专题二 消费税

消费税也是非常重要的税种之一，经常单独命制单选题、多选题或判断题，也会结合增值税一起命制不定项选择题。文字题考查方向：消费税征税范围（结合征税环节、视同销售）、从量计征和复合计征的税目、已纳消费税的扣除、纳税义务发生时间、纳税地点；计算题考查方向：销售额按最高价计税情形、组成计税价格（进口、自产自用、委托加工）、包装物押金计税规则、白酒和卷烟复合计税。

↘ 通过本专题你会了解：

税目：哪些消费品征收消费税，哪些不征收消费税；

环节：15 类应税消费品分别在哪个环节征收消费税；

税率：哪些税目适用比例税率，哪些税目适用定额税率；

计算：消费税应纳税额如何计算。

专题小词典

应税消费品

按照规定应该缴纳消费税的消费品，也就是“入门四”中所谈到的 15 类消费税税目。

单一环节计税

消费税属于价内税，税金包含在销售价格中，消费税一般情况下采取单一环节计税，不是每流通一次就征收一次消费税。

委托加工

由委托方提供原料和主要材料，受托方只代垫部分辅助材料，按照委托方的要求加工货物并收取加工费的经营活动。

从价定率

以应税消费品的价格为计税依据，并按比例税率计算消费税的方法。计算公式：消费税应纳税额 = 销售额 × 消费税比例税率。

从量定额

按照应税消费品的计量单位（如数量）计算应纳税额的一种计税方式。计算公式：消费税应纳税额 = 销售数量 × 消费税定额税率。

复合计税

既根据应税消费品的销售数量又根据其销售价格征税。即，从价定率和从量定额复合征收。计算公式：消费税应纳税额 = 应税消费品的销售额 × 比例税率 + 应税消费品的销售数量 × 定额税率。

考点1 消费税税目 ★★★

考点导学

税目	具体说明
烟	（1）包括卷烟、雪茄烟和烟丝 （2）不包括烟叶
酒	（1）包括白酒（粮食白酒和薯类白酒）、黄酒、啤酒和其他酒 （2）调味料酒不征消费税 （3）酒精不属于应税消费品
摩托车	气缸容量250毫升及以上的摩托车
高档化妆品	（1）包括高档美容、修饰类化妆品、高档护肤类化妆品和成套化妆品 （2）舞台、戏剧、影视演员化妆用的上妆油、卸妆油、油彩，不属于本税目的征收范围
贵重首饰及珠宝玉石	包括金银首饰、铂金首饰、钻石及钻石饰品以及其他贵重首饰和珠宝玉石
成品油	（1）包括汽油、柴油、石脑油、溶剂油、航空煤油、润滑油和燃料油7个子目 （2）原油不征收消费税
高档手表	销售价格（不含增值税）每只在10000元（含）以上的各类手表
小汽车	（1）包括各类乘用车、中轻型商用客车、超豪华小汽车，不包括大型商用客车、大货车、大卡车 （2）电动汽车、沙滩车、雪地车、卡丁车、高尔夫车不征收消费税 （3）超豪华小汽车，是指每辆零售价格130万元（不含增值税）及以上的乘用车和中轻型商用客车
高尔夫球及球具	包括高尔夫球、高尔夫球杆、高尔夫球包（袋）、高尔夫球杆的杆头、杆身和握把
游艇	其中无动力艇、帆艇不征收消费税

税目	具体说明
实木地板	(1)按生产工艺不同，分为独板(块)实木地板、实木指接地板和实木复合地板 (2)按表面处理状态不同，分为未涂饰地板(白坯板、素板)和漆饰地板
涂料	对施工状态下挥发性有机物(VOC)含量低于420克/升(含)的涂料免征消费税
电池	包括原电池、蓄电池、燃料电池、太阳能电池和其他电池
鞭炮、焰火	体育上用的发令纸、鞭炮药引线，不征收消费税
木制一次性筷子	包括各种规格的木制一次性筷子和未经打磨、倒角的木制一次性筷子

考点解读　本考点属于常考点，尤其需要掌握不征收消费税的情形。

牛刀小试　**【单选题】**根据消费税法律制度的规定，下列各项中，不征收消费税的是(　　)。

A. 体育上用的发令纸　　B. 炮竹

C. 礼花弹　　D. 组合烟花

【解析】(1)选项A：体育上用的发令纸、鞭炮药引线，不征收消费税；(2)选项BCD：应按“鞭炮、焰火”税目征收消费税。

【答案】A

【多选题】根据消费税法律制度的规定，下列各项中，应按照“高档化妆品”税目计缴消费税的有(　　)。

A. 高档护肤类化妆品　　B. 成套化妆品

C. 高档修饰类化妆品　　D. 高档美容类化妆品

【解析】高档化妆品包括高档美容、修饰类化妆品、高档护肤类化妆品和成套化妆品。

【答案】ABCD

考点2　消费税征税环节 ★★★

考点导学

征税环节		适用范围
基本环节	生产销售环节	除“金银铂钻”以外的其他应税消费品
	进口环节	
	委托加工环节	

征税环节		适用范围
流通环节	批发环节	卷烟在批发环节加征一道消费税
	零售环节	（1）“金银铂钻”在零售环节征收消费税 （2）超豪华小汽车在零售环节加征一道消费税

考点解读　本考点属于常考点，考试中经常把具体税目结合征税环节进行命题。

消费税征税环节十分重要。由于消费税属于价内税且采取单一环节征税，为了避免重复征税，就不能像增值税一样，道道环节都征税。那么15类应税消费品在哪个环节征税就需要重点把握。

解题思路：

（1）先判断题目的四个选项中涉及的消费品是否属于应税消费品；

（2）再判断题目选项分别涉及哪个环节；

（3）心里默念：金银铂钻在零售，其他一般在基本，加征还要特殊记。

牛刀小试　**【单选题】**根据消费税法律制度的规定，下列各项中，应征收消费税的是（　　）。

A. 超市零售白酒　　B. 汽车厂销售自产电动汽车

C. 地板厂销售自产实木地板　　D. 百货公司零售高档化妆品

【解析】（1）是否属于应税消费品？电动汽车不属于消费税的征税范围，排除选项B；（2）是否属于消费税的纳税环节？选项AD是零售环节，而白酒、高档化妆品又均不属于零售环节征收消费税的应税消费品，排除选项AD。

【答案】C

【多选题】根据消费税法律制度的规定，下列各项中，应征收消费税的有（　　）。

A. 甲电池厂生产销售电池　　B. 丁百货公司零售钻石胸针

C. 丙首饰厂生产销售玉手镯　　D. 乙超市零售啤酒

【解析】（1）是否属于应税消费品？选项ABCD均属于应税消费品。（2）是否属于消费税的纳税环节？在零售环节缴纳消费税的只有“金银铂钻”“超豪华小汽车”，选项D错误、选项B正确；除“金银铂钻”外的其他应税消费品，生产销售环节均属于纳税环节，选项AC正确。

【答案】ABC

考点3　消费税税率 ★★

考点导学

税率形式	适用税目
从价定率	除适用从量计税、复合计税以外的其他税目
从量定额	啤酒、黄酒、成品油
复合计税	卷烟、白酒

【提示】纳税人兼营不同税率的应税消费品，应当分别核算不同税率应税消费品的销售额、销售数量；未分别核算销售额、销售数量的，或者将不同税率的应税消费品组成成套消费品销售的，从高适用税率。

考点解读　本考点属于记忆性内容，考试方向相对固定，学习难度不大。学习时遵循记少不记多的原则，记忆从量计税和复合计税的应税消费品，其他应税消费品均是从价计税。

牛刀小试　**【单选题】**根据消费税法律制度的规定，下列消费品中，实行从价定率和从量定额相结合的复合计征办法征收消费税的是（　　）。

A. 啤酒　　B. 汽油　　C. 卷烟　　D. 高档手表

【解析】选项 A：从量定额计征消费税。选项 B：汽油属于成品油，从量定额计征消费税。选项 D：从价定率计征消费税。

【答案】C

【多选题】根据消费税法律制度的规定，下列应税消费品中，实行从量定额计征消费税的有（　　）。

A. 电池　　B. 涂料　　C. 柴油　　D. 黄酒

【答案】CD

考点 4　消费税应纳税额计算 ★★★

考点导学　消费税应纳税额的计算分为从价计征、从量计征和从价从量复合计征三种方法。

1. 从价计征

（1）应纳税额 = 销售额 × 比例税率

（2）销售额是指纳税人销售应税消费品向购买方收取的全部价款和价外费用，不包括应向购买方收取的增值税税款。

2. 从量计征

（1）应纳税额 = 销售数量 × 定额税率

（2）销售数量的确定

①销售应税消费品的：为应税消费品的销售数量。

②自产自用应税消费品的：为应税消费品的移送使用数量。

③委托加工应税消费品的：为纳税人收回的应税消费品数量。

④进口应税消费品的：为海关核定的应税消费品进口征税数量。

3. 复合计征

应纳税额 = 销售数量 × 定额税率 + 销售额或组成计税价格 × 比例税率

考点解读　本考点文字性题目和计算性题目均可命制，需要全面掌握。

（1）实行从价计征消费税，其计税销售额和增值税规定基本保持一致。

（2）复合计税公式结合案例理解：

【案例】某酒厂为增值税一般纳税人，11 月销售自己生产的粮食白酒 15 吨，开具增值税专用发票注明销售额 100 万元。已知白酒的消费税税率为 20% 加 0.5 元 /500 克，增值税税率为 13%。已知 1 吨 =1000 千克。

Q1：该酒厂 11 月应纳消费税为多少万元？

A1：应纳消费税 =100 × 20%+15 × 2000 × 0.5 ÷ 10000=21.5（万元）。

Q2：该酒厂 11 月应确认的增值税销项税额为多少万元？

A2：增值税销项税额 =100 × 13%=13（万元）。

牛刀小试　**【单选题】**甲地板厂为增值税一般纳税人，2021 年 8 月销售自产实木地板取得含增值税销售额 107.35 万元。已知实木地板增值税税率为 13%，消费税税率为 5%。甲地板厂当月该业务应缴纳消费税税额的下列计算列式中，正确的是（　　）。

A. 107.35 ÷（1+13%）× 5%=4.75（万元）

B. 107.35 ÷（1−5%）× 5%=5.65（万元）

C. 107.35 × 5%=5.37（万元）

D. 107.35 ÷（1+13%）÷（1−5%）× 5%=5（万元）

【解析】实行从价定率计税的应税消费品，其计税依据为含消费税但不含增值税的销售额。在本题中，“107.35 万元”为含增值税的销售额，应当换算成不含增值税的销售额，“107.35 ÷（1+13%）”即为含消费税但不含增值税的销售额：（1）应纳消费税 =107.35 ÷（1+13%）× 5%=4.75（万元）；（2）增值税销项税额 =107.35 ÷（1+13%）× 13%=12.35（万元）。

【答案】A

【单选题】甲企业为增值税一般纳税人，主要从事小汽车的制造和销售业务，销售 1 辆定制小汽车取得含增值税价款 226000 元，另收取手续费 33900 元。已知，小汽车增值税税率为 13%，消费税税率为 5%。甲企业该业务应缴纳消费税税额的下列计算列式中，正确的是（　　）。

A. 226000 ÷（1+13%）× 5%=10000（元）

B.（226000+33900）÷（1+13%）× 5%=11500（元）

C. 226000 × 5%=11300（元）

D.（226000+33900）× 5%=12995（元）

【解析】（1）另外收取的手续费 33900 元属于价外费用；（2）应纳消费税 =（226000+33900）÷（1+13%）× 5%=11500（元）。

【答案】B

专题复盘

- 消费税
  - 消费税税目
    - 酒——酒精、调味料酒不征收消费税
    - 高档化妆品——舞台、戏剧、影视演员化妆用的上妆油、卸妆油、油彩不征收消费税
    - 鞭炮、烟火——体育上用的发令纸、鞭炮药引线不征收消费税
    - 贵重首饰及珠宝玉石
      - 金银铂钻——零售环节征收消费税
      - 其他贵重首饰及珠宝玉石——基本环节征收消费税
    - 小汽车
      - 电动汽车不征收消费税
      - 沙滩车、雪地车、卡丁车、高尔夫车不征收消费税
  - 消费税征税环节
    - 基本环节
      - 包括：生产销售环节、进口环节、委托加工环节
      - 除金银铂钻以外，其他应税消费品均在基本环节计征
    - 零售环节
      - 金银铂钻
      - 超豪华小汽车（加征）
    - 批发环节——卷烟（加征）
  - 消费税税率
    - 从量定额——啤酒、黄酒、成品酒
    - 复合计征——白酒、卷烟
    - 从价定率——其他应税消费品
  - 消费税应纳税额计算
    - 从价计征——应纳税额 = 不含增值税销售额 × 比例税率
    - 从量计征——销售数量的确定
      - 生产销售：销售数量
      - 自产自用：移送使用数量
      - 委托加工：委托方收回的数量
      - 报关进口：海关核定的数量
    - 复合计征——应纳税额 = 销售数量 × 定额税率 + 销售额或组成计税价格 × 比例税率

进一步学习建议

拿到“轻松过关®1”后，考生需要对应纳税额的计算进行深入学习，重点关注不同环节消费税的处理。在学习过程中，听一遍基础班的课程，并利用“轻松过关®1”中的相关习题进行巩固。

扫码听课

33%
专题学习进度

专题三 企业所得税

企业所得税属于非常重要的税种之一，需要全面掌握。文字题考查方向：所得来源地、收入确认时间、不征税收入、免税收入、不得扣除项目、资产的所得税处理（固定资产、生物资产、长期待摊费用、投资资产）、税收优惠、征收管理。计算题考查方向：税前扣除项目的规定（三项经费、借款利息、业务招待费、广宣费、公益性捐赠）。

通过本专题你会了解：

纳税人：如何区分居民企业和非居民企业；
收入：收入确认的时间，不征税收入和免税收入的区分；
扣除：税前扣除项目的金额如何计算，不得扣除项目有哪些；
亏损弥补：以前年度亏损弥补的规定。

专题小词典

实际管理机构

是指对企业的生产经营、人员、账务、财产等实施实质性全面管理和控制的机构。

允许弥补的以前年度亏损

某企业于2018年成立，当年亏损20万元；2019年亏损10万元。若2020年盈利50万元，并不是按照50万元计算缴纳企业所得税，而是允许弥补2018年、2019年的亏损30万元后，针对20万元计算企业所得税。

不征税收入

不属于征税范围，不需要征收企业所得税。

免税收入

属于征税范围，但符合条件的，税法给予免税待遇。

汇算清缴

税务局对企业按规定在年度内预缴所得税进行综合汇算后，进行多退少补的一种管理办法。

考点1 企业所得税纳税人 ★★★

考点导学 （1）企业所得税的纳税人包括各类企业、事业单位、社会团体、民办非企业单位和从事经营活动的其他组织，但不包括个人独资企业和合伙企业。

（2）企业所得税的纳税人分为居民企业和非居民企业，分别承担不同的纳税义务。

①居民企业

居民企业，是指依照中国法律、法规在中国境内成立的企业，或者依照外国（地区）法律成立但实际管理机构在中国境内的企业。

②非居民企业

非居民企业，是指按照外国（地区）法律成立且实际管理机构不在中国境内，但在中国境内设立机构、场所的，或者在中国境内未设立机构、场所但有来源于中国境内所得的企业。

（3）非居民企业在中国境内缴纳企业所得税的具体情况。

<table>
<tr><th>企业类型</th><th colspan="2">所得类型</th><th>是否在我国缴纳企业所得税</th></tr>
<tr><td rowspan="4">在中国境内设立机构、场所</td><td rowspan="2">来源于境内的所得</td><td>与所设机构、场所有实际联系</td><td>√</td></tr>
<tr><td>与所设机构、场所没有实际联系</td><td>√</td></tr>
<tr><td rowspan="2">来源于境外的所得</td><td>与所设机构、场所有实际联系</td><td>√</td></tr>
<tr><td>与所设机构、场所没有实际联系</td><td>×</td></tr>
<tr><td rowspan="2">在中国境内未设立机构、场所</td><td colspan="2">来源于境内的所得</td><td>√</td></tr>
<tr><td colspan="2">来源于境外的所得</td><td>×</td></tr>
</table>

考点解读 本考点属于基础概念型考点，但是考查频次较高，需要重点掌握。

（1）个人独资企业和合伙企业不具有法人资格，不缴纳企业所得税，由其自然人投资者缴纳个人所得税。

（2）居民企业与非居民企业的界定。

①居民企业：两个条件满足其中一个条件；

②非居民企业：两个条件同时不满足。

如下表所示：

<table>
<tr><th>企业类型</th><th>在中国境内成立</th><th>实际管理机构在中国境内</th></tr>
<tr><td rowspan="3">居民企业</td><td>√</td><td>√</td></tr>
<tr><td>√</td><td>×</td></tr>
<tr><td>×</td><td>√</td></tr>
<tr><td>非居民企业</td><td>×</td><td>×</td></tr>
</table>

（3）是否具有实际联系。

①发生在中国境外但与其所设机构、场所有实际联系的所得。结合以下案例理解：

【案例】美国 A 公司（非居民企业）在中国设立常驻代表 B 机构。A 公司将 B 机构名下位于美国的房产转让给境内甲居民企业，甲企业需支付 100 万元给 A 公司。由于该房产位于境外，但属于 B 机构的名下，所以这 100 万元属于与 B 机构有实际联系的境外所得，A 公司需要向我国缴纳企业所得税。

②设立机构、场所但取得的所得与其所设机构、场所没有实际联系。结合以下案例理解：

【案例】美国 A 公司（非居民企业）在中国设立常驻代表 B 机构，A 公司将款项借给中国乙居民企业并收取利息。此利息收入属于 A 公司的收入，与所设 B 机构没有任何联系，但该收入属于来源于境内的所得，需要向我国缴纳企业所得税。

牛刀小试

【单选题】根据企业所得税法律制度的规定，下列各项中，属于企业所得税纳税人的是（　　）。

A. 个人独资企业　　B. 合伙企业

C. 个体工商户　　D. 股份有限公司

【解析】选项 C：个体工商户属于个人所得税的纳税人。

【答案】D

【单选题】根据企业所得税法律制度的规定，非居民企业的下列所得中，不属于企业所得税征税对象的是（　　）。

A. 在中国境内未设立机构、场所的，其来源于中国境内的所得

B. 在中国境内设立机构、场所的，其所设机构、场所来源于中国境内的所得

C. 在中国境内设立机构、场所的，发生在境外但与其机构、场所有实际联系的所得

D. 在中国境内设立机构、场所的，发生在境外但与其机构、场所没有实际联系的所得

【答案】D

考点 2　应纳税额的计算 ★★

考点导学

（1）应纳税所得额 = 收入总额 − 不征税收入 − 免税收入 − 税前准予扣除的金额 − 允许弥补的以前年度亏损

（2）应纳税额 = 应纳税所得额 × 适用税率 − 减免税额 − 抵免税额

（3）税率适用：

① 25% →企业所得税的基本税率为 25%；

② 20% →符合规定的小型微利企业，减按 20% 税率征收；

③ 15% →国家需要重点扶持的高新技术企业；符合条件的技术先进型服务企业；设在西部地区的鼓励类产业企业；注册在海南自由贸易港并实质性运营的鼓励类产业企业减按 15% 税率征收；

④ 10% →非居民企业在中国境内未设立机构、场所，或者虽设立机构、场所但取得的所得与其所设机构、场所没有实际联系的，就其来源于中国境内的所得，减按 10% 税率征收。

考点解读

本考点经常考查计算题，掌握企业所得税应纳税所得额和应纳税额的计算公式。考生在学习时需要注意如下几个基本概念：

（1）应纳税所得额是企业所得税的税基，应纳税额是应该缴纳的企业所得税，两者概念不同，注意区分。

（2）收入总额是个大概念，包含应税收入、不征税收入和免税收入。

应税收入 = 收入总额 - 不征税收入 - 免税收入

（3）减免税额和抵免税额是依照《企业所得税法》和国务院的税收优惠规定减征、免征和抵免的应纳税额。

牛刀小试

【单选题】甲公司 2021 年度企业所得税应纳税所得额为 1000 万元，减免税额为 10 万元，抵免税额为 20 万元。已知企业所得税税率为 25%，甲公司当年企业所得税应纳税额的下列计算列式中，正确的是（　　）。

A. 1000×25%-10-20=220（万元）　B. 1000×25%-10=240（万元）

C. 1000×25%=250（万元）　D. 1000×25%-20=230（万元）

【答案】A

考点 3　企业所得税应税收入 ★★★

考点导学

1. 销售货物收入

（1）概念。

销售货物收入指企业销售商品、产品、原材料、包装物、低值易耗品以及其他存货取得的收入。

（2）不同销售方式下，收入确认时间。

销售商品采用方式	收入确认时间
托收承付	办妥托收手续时
预收款	发出商品时
分期收款	合同约定的收款日期

销售商品采用方式	收入确认时间
支付手续费方式委托代销	收到代销清单时
以旧换新	销售的商品应当按照销售商品收入确认条件确认收入，回收的商品作为购进商品处理
需要安装和检验	①一般：在购买方接受商品以及安装和检验完毕时 ②如果安装程序比较简单：可在发出商品时

2. 转让财产收入

转让财产收入是指企业转让固定资产、生物资产、无形资产、股权、债权等财产取得的收入。

3. 股息、红利等权益性投资收益

股息、红利等权益性投资收益，除国务院财政、税务主管部门另有规定外，按照被投资方作出利润分配决定的日期确认收入的实现。

4. 利息收入

（1）利息收入包括存款利息、贷款利息、债券利息、欠款利息等收入。

（2）利息收入按照合同约定的债务人应付利息的日期确认收入的实现。

5. 租金收入

（1）租金收入按照合同约定的承租人应付租金的日期确认收入的实现。

（2）如果交易合同或者协议中规定租赁期限跨年度，且租金提前一次性支付的，出租人可对上述已确认的收入，在租赁期限内，分期均匀计入相关年度收入。

6. 特许权使用费收入

特许权使用费收入，按照合同约定的特许权使用人应付特许权使用费的日期确认收入的实现。

7. 接受捐赠收入

接受捐赠收入，按照实际收到捐赠资产的日期确认收入的实现。

考点解读　本考点考查频次较高，经常考查对基本概念的理解。学习时，注意收入时间的确认。

（1）销售商品需要安装和检验的，要区分是一般情况还是安装程序比较简单。题目中往往直接描述为“发出商品时确认收入”，这种表述过于绝对，没有区分情形，是不准确的。

（2）股息、红利等权益性投资收益，按照“被投资方”作出利润分配决定的日期确认收入的实现。而题目中往往会描述成“投资方收到款项时确认”，主体不对，是不准确的。

（3）利息收入、租金收入和特许权使用费收入均以“合同约定”的日期确认收入的实现，但接受捐赠收入以“实际”收到的日期确认收入的实现。

牛刀小试　【单选题】根据企业所得税法律制度的规定，下列关于确认收入实现时间的表述中，正确的是（　　）。

A. 接受捐赠收入，按照合同约定的捐赠日期确认收入的实现

B. 利息收入，按照合同约定的债务人应付利息的日期确认收入的实现

C. 租金收入，按照出租人实际收到租金的日期确认收入的实现

D. 权益性投资收益，按照投资方实际收到利润的日期确认收入的实现

【答案】B

【多选题】根据企业所得税法律制度的规定，关于确认收入实现时间的下列表述中，正确的有（　　）。

A. 销售商品采用预收款方式的，在发出商品时确认收入

B. 销售商品采用分期收款方式的，按照合同约定的收款日期确认收入

C. 销售商品采用支付手续费方式委托代销的，在收到代销清单时确认收入

D. 销售商品采用托收承付方式的，在收到货款时确认收入

【解析】选项 D：销售商品采用托收承付方式的，在办妥托收手续时确认收入。

【答案】ABC

考点 4　不征税收入和免税收入 ★★★

考点导学　**（一）不征税收入**

（1）财政拨款。

（2）依法收取并纳入财政管理的行政事业性收费、政府性基金。

（3）企业取得的，由国务院财政、税务主管部门规定专项用途并经国务院批准的财政性资金。

（二）免税收入

（1）国债利息收入和地方政府债券利息收入，免税。

（2）符合条件的居民企业之间的股息、红利等权益性投资收益：

情形		是否免税
被投资企业属于未上市居民企业		免税
被投资企业属于上市居民企业	持股时间≥ 12 个月	免税
	持股时间＜ 12 个月	不免税

（3）符合条件的非营利组织取得的收入免税，但不包括非营利组织从事营利性活动取得的收入，国务院财政、税务主管部门另有规定的除外。

考点解读　应当严格区分不征税收入和免税收入，不征税收入和免税收入均属于企业所得税所称的“收入总额”，在计算企业所得税应纳税所得额时应扣除。

不征税收入和免税收入的区别如下：

（1）性质：不征税收入是不应列入征税范围的收入，属于非经营性收入；免税收入则是应列入征税范围的收入，属于经营性收入，只是国家出于特殊考虑给予税收优惠。

（2）对应支出：企业的不征税收入对应的费用、折旧、摊销一般不得在计算应纳税所得额时扣除；免税收入对应的费用、折旧、摊销一般可以税前扣除。

牛刀小试　**【单选题】**根据企业所得税法律制度的规定，下列各项中，属于不征税收入的是（　　）。

A. 接受捐赠收入　　B. 国债利息收入

C. 销售货物收入　　D. 财政拨款

【解析】（1）选项 AC：属于应当计入应纳税所得额的收入；（2）选项 B：属于免税收入；（3）选项 D：属于不征税收入。

【答案】D

【单选题】根据企业所得税法律制度的规定，下列各项中，属于免税收入的是（　　）。

A. 依法收取并纳入财政管理的政府性基金

B. 国债利息收入

C. 财产转让收入

D. 特许权使用费收入

【解析】（1）选项 A：属于不征税收入；（2）选项 CD：属于应税收入。

【答案】B

考点 5　税前扣除项目 ★★★

考点导学　1. 税金

能否扣除	内容
准予扣除	消费税、资源税、土地增值税、出口关税、城市维护建设税、教育费附加、房产税、车船税、城镇土地使用税、印花税等
不得扣除	企业所得税、企业缴纳的增值税

2. 工资、薪金支出

企业实际发生的合理的工资、薪金支出，准予据实扣除。

3. 职工福利费、工会经费、职工教育经费

税前扣除项目	扣除标准
职工福利费	扣除限额 = 工资、薪金总额 ×14%
工会经费	扣除限额 = 工资、薪金总额 ×2%
职工教育经费	扣除限额 = 工资、薪金总额 ×8% 【提示】超过限额的部分准予结转到以后纳税年度扣除

4. 保险费

<table>
<tr><th colspan="2">类型</th><th>内容</th><th>扣除标准</th></tr>
<tr><td colspan="2" rowspan="2">社会保险 +
住房公积金</td><td>按照国家规定的范围和标准为职工缴纳的基本养老保险费、基本医疗保险费、失业保险费、工伤保险费等基本社会保险费和住房公积金</td><td>准予据实扣除</td></tr>
<tr><td>为在本企业任职或者受雇的全体员工支付的补充养老保险费、补充医疗保险费</td><td>分别在不超过职工工资总额 5% 标准内的部分，在计算应纳税所得额时准予扣除；超过的部分，不予扣除</td></tr>
<tr><td rowspan="3">商业
保险</td><td rowspan="2">为员工
购买</td><td>（1）依照国家有关规定为特殊工种职工支付的人身安全保险费
（2）国务院财政、税务主管部门规定可以扣除的其他商业保险费
（3）企业职工因公出差乘坐交通工具发生的人身意外保险费支出</td><td>准予据实扣除</td></tr>
<tr><td>除上述外，企业为投资者或者职工支付的其他商业保险费</td><td>不得扣除</td></tr>
<tr><td>为企业
购买</td><td>（1）企业参加财产保险，按照有关规定缴纳的保险费
（2）企业参加雇主责任险、公众责任险等责任保险，按照规定缴纳的保险费</td><td>准予据实扣除</td></tr>
</table>

5. 业务招待费（双重限额取其低）

企业发生的与其生产、经营业务有关的业务招待费支出，按照发生额的 60% 扣除，但最高不得超过当年销售（营业）收入的 5‰。

6. 广告费和业务宣传费

企业发生的符合条件的广告费和业务宣传费支出，除国务院财政、税务主管部门另有规定外，不超过当年销售（营业）收入 15% 的部分，准予扣除；超过部分，准予结转以后纳税年度扣除。

7. 公益性捐赠

公益性捐赠，是指企业通过公益性社会组织或者县级以上人民政府及其部门，用于符合法律规定的慈善活动、公益事业的捐赠。

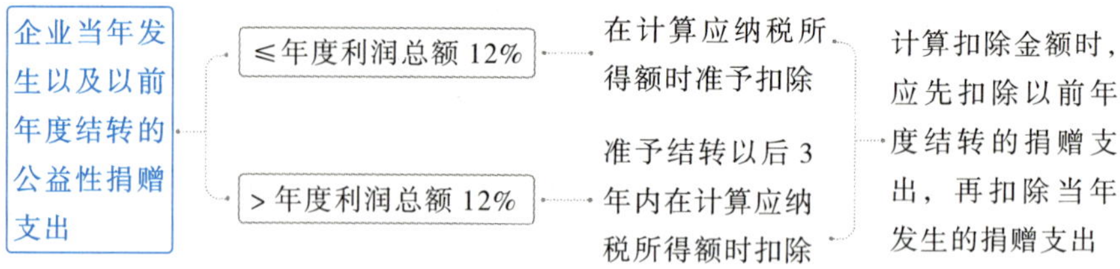

【提示】纳税人直接向受赠人的捐赠，不允许在税前扣除（另有规定除外）。

考点解读　本考点考查频次较高，但是考查难度不大。学习时，注意梳理计算思路。

（1）本考点经常考查限额扣除的内容。某些扣除项目发生后，税务机关不允许纳税人按照实际发生额进行扣除，而是要求纳税人按照税法规定的方法计算"标准扣除金额"，即如果实际发生金额没有超过标准扣除金额，那么就按照实际发生金额扣除；如果实际发生金额超过标准扣除金额，那么就按照规定的标准扣除金额扣除。

（2）上述项目准予结转扣除的项目包括：①职工教育经费；②广告费和业务宣传费；③公益性捐赠（3年内）。

（3）在计算业务招待费、广告费和业务宣传费的扣除限额时，销售（营业）收入包括会计核算中的"主营业务收入""其他业务收入"和会计上不确认收入但税法上确认的"视同销售收入"(如企业将自产的货物无偿赠送给他人)，但不包括"营业外收入"和"投资收益"。

【案例】A居民企业（从事服装生产和销售）2021年取得服装销售收入1200万元（不含税，下同），出租设备取得租金收入400万元，国债利息收入10万元，业务招待费支出20万元，广告费和业务宣传费支出260万元。

【分析】

（1）2021年销售（营业）收入 = 主营业务收入（服装销售收入1200万元）+ 其他业务收入（租金收入400万元）=1600（万元）。

（2）业务招待费扣除限额1=1600×5‰=8（万元），扣除限额2=20×60%=12（万元），在税前准予扣除的业务招待费为8万元（两个限额的较小者）。

（3）广告费和业务宣传费扣除限额=1600×15%=240（万元）＜实际发生额260万元，在税前准予扣除的广告费和业务宣传费支出为240万元。

牛刀小试　**【单选题】**甲公司2021年度实际发生合理的工资、薪金支出1000万元，职工教育经费支出70万元，上年度结转未扣除的职工教育经费支出15万元。已知，职工教育经费支出不超过工资、薪金总额8%的部分，准予扣除；超过部分，准予在以后纳税年度结转扣除。根据企业所得税法律制度的规定，在计算甲公司2021

年度企业所得税应纳税所得额时，准予扣除的职工教育经费支出金额是（　　）万元。

A. 85　　B. 80　　C. 70　　D. 55

【解析】税前扣除限额 =1000 × 8%=80（万元），待扣金额 =70+15=85（万元），超过了税前扣除限额，税前准予扣除 80 万元。

【答案】B

【单选题】甲公司 2021 年度取得销售（营业）收入 6000 万元，发生与生产经营活动有关的业务招待费支出 35 万元。已知，业务招待费支出按照发生额的 60% 扣除，但最高不得超过当年销售（营业）收入的 5‰。根据企业所得税法律制度的规定，计算甲公司 2021 年度企业所得税应纳税所得额时，准予扣除的业务招待费支出是（　　）万元。

A. 30　　B. 19　　C. 21　　D. 35

【解析】扣除限额 1=35 × 60%=21（万元），扣除限额 2=6000 × 5‰ =30（万元），税前准予扣除的业务招待费支出为 21 万元。

【答案】C

考点 6　以前年度亏损的弥补 ★★

考点导学　（1）基本规定：企业某一纳税年度发生的亏损，可以用下一年度的所得弥补，下一年度的所得不足以弥补的，可以逐年延续弥补，但最长不得超过 5 年。

（2）特殊规定：自 2018 年 1 月 1 日起，当年具备高新技术企业或科技型中小企业资格的企业，其具备资格年度之前 5 个年度发生的尚未弥补完的亏损，准予结转以后年度弥补，最长结转年限由 5 年延长至 10 年。

考点解读　“亏损”，是指企业将每一纳税年度的收入总额减除不征税收入、免税收入和各项扣除后小于零的数额（即税法口径的亏损额）。

【案例】某服装生产企业 2015—2021 年情况如下：

单位：万元

年度	2015 年	2016 年	2017 年	2018 年	2019 年	2020 年	2021 年
未弥补以前年度亏损的应纳税所得额	-120	-70	30	30	20	10	50

【解析】

（1）针对 2015 年的亏损额，2016 年、2017 年、2018 年、2019 年、2020 年为弥补期；截至 2020 年，尚有 30 万元亏损未能在税前弥补完，这 30 万元不得再结转以后年度在税前弥补。

（2）针对 2016 年的亏损额，2017 年、2018 年、2019 年、2020 年、2021 年为弥补期；由于 2017—2020 年的盈利全部用于弥补 2015 年的亏损额，因此，截至 2021 年，尚有 20 万元亏损未能在税前弥补完，这 20 万元不得再结转以后年度在税前弥补。

考点 7　不得扣除项目 ★★★

考点导学　（1）向投资者支付的股息、红利等权益性投资收益款项，不得扣除。

（2）企业所得税税款，不得扣除。

（3）税收滞纳金，不得扣除。

（4）罚金、罚款和被没收财物的损失，不得扣除。

（5）不符合规定的捐赠支出，不得扣除。

（6）与生产经营活动无关的各种非广告性质的赞助支出，不得扣除。

（7）未经核定的准备金支出，不得扣除。

（8）企业之间支付的管理费、企业内营业机构之间支付的租金和特许权使用费，以及非银行企业内营业机构之间支付的利息，不得扣除。

考点解读　本考点属于重点内容，考生注意全面理解和记忆。

（1）向投资者支付的股息、红利等权益性投资收益款项，由于被投资方是拿企业税后净利润向投资方分配股息、红利等权益性投资收益款项，被投资方不得在税前扣除。

（2）行政性的处罚不得在税前扣除，但经营性的处罚可以在税前扣除，即纳税人按照经济合同规定支付的违约金（包括银行罚息）、罚款和诉讼费用，准予在税前扣除。

（3）未经核定的准备金支出，是指不符合国务院财政、税务主管部门规定的各项资产减值准备、风险准备等准备金支出。

（4）非银行企业内营业机构之间支付的利息不得扣除，但银行企业内营业机构之间支付的利息可以扣除。

牛刀小试　**【多选题】**根据企业所得税法律制度的规定，下列各项中，不得在计算企业所得税应纳税所得额时扣除的有（　　）。

A. 向投资者支付的股息

B. 未经核定的准备金支出

C. 银行企业内营业机构之间支付的利息

D. 企业之间支付的管理费

【答案】ABD

【多选题】根据企业所得税法律制度的规定，下列各项中，在计算企业所得税应纳税所得额时准予扣除的有（　　）。

A. 差旅费　　　　B. 诉讼费用

C. 企业之间支付的管理费　　　　D. 违约金

【答案】ABD

专题复盘

- 企业所得税（一）
  - 企业所得税纳税人
    - 居民企业
      - 纳税义务：境内所得 + 境外所得
      - 判断标准（满足其一）
        - 依照中国法律成立（注册地在中国）
        - 实际管理机构在中国
    - 非居民企业
      - 纳税义务：境内所得 + 与所设机构、场所有实际联系的境外所得
      - 判断标准：依照外国法律成立且实际管理机构在境外，但在中国境内设立机构、场所或在中国境内未设立机构、场所但有来源于中国境内的所得
  - 应纳税额的计算
    - 应纳税所得额 = 收入总额 - 不征收收入 - 免税收入 - 税前准予扣除的金额 - 允许弥补的以前年度亏损
    - 应纳税额 = 应纳税所得额 × 适用税率 - 减免税额 - 抵免税额
  - 企业所得税应税收入（1）
    - 销售商品①
      - 托收承付：办妥托收手续时
      - 预收款：发出商品时
      - 分期收款：合同约定的收款日

- 企业所得税（二）
  - 企业所得税应税收入（2）
    - 销售商品②
      - 委托代销（支付手续费方式）
        - 收到代销清单时
      - 以旧换新
        - 销售商品确认收入
        - 回收商品做购进处理
      - 需要安装检验
        - 一般：购买方接受商品以及安装并检验完成时
        - 程序简单：发出商品时
      - 股息、红利等权益性投资收益
        - 被投资方作出利润分配决定的日期
      - 利息、租金、特许权使用费
        - 合同约定应付日期
      - 接受捐赠
        - 实际收到捐赠资产的日期
  - 不征税收入和免税收入
    - 不征税收入
      - “财政”二字
    - 免税收入
      - 国债利息收入和地方政府债券利息收入
      - 股息、红利等权益性投资收益
        - 被投资方（居民企业）
          - 非上市
            - 免税
          - 上市
            - 持股期限
              - 12个月以上，免税
              - 不足12个月，应税
      - 非营利组织
        - 从事非营利活动
          - 免税
        - 从事营利活动
          - 应税
  - 税前扣除项目（1）
    - 税金
      - 企业所得税、企业缴纳的增值税不得扣除
      - 其他税金可以扣除

- 企业所得税（三）
  - 税前扣除项目（2）
    - 三项经费
      - 职工福利费
        - 不超过工资、薪金总额的 14%
        - 超过的部分不得扣除
      - 工会经费
        - 不超过工资、薪金总额的 2%
        - 超过的部分不得扣除
      - 职工教育经费
        - 不超过工资、薪金总额的 8%
        - 超过的部分准予结转以后年度扣除
    - 保险费
      - “四险一金”
        - 据实扣除
      - 补充养老、医疗保险
        - 分别不超过工资、薪金总额的 5%
      - 商业保险
        - 据实扣除
          - 因公出差乘坐交通工具的人身意外保险费支出
          - 为特殊工种职工支付的人身安全保险费
        - 不得扣除
          - 为投资者或职工支付的其他商业保险费
    - 业务招待费
      - 扣除限额
        - 孰低原则
          - 实际发生额的 60%
          - 销售（营业）收入的 5‰
        - 超过的部分不得扣除
    - 广宣费
      - 扣除限额
        - 不超过销售（营业）收入 15% 的部分
        - 超过的部分准予结转以后纳税年度扣除
    - 公益性捐赠
      - 扣除限额
        - 不超过会计利润 12% 的部分
        - 超过的部分准予结转以后 3 个纳税年度扣除
      - 不得扣除
        - 直接捐赠

- 企业所得税（四）
  - 以前年度亏损的弥补
    - 弥补期限一般不得超过 5 年
  - 不得扣除项目
    - 红
      - 向投资者支付的股息、红利等权益性投资收益款项
    - 税
      - 企业所得税
    - 罚
      - 税收滞纳金
      - 罚金、罚款、没收财物的损失
    - 不
      - 不符合规定的捐赠支出
    - 赞
      - 非广告性质的赞助支出
    - 未
      - 未经核定的准备金
    - 管
      - 企业之间的管理费
    - 内
      - 企业内营业机构之间支付的
        - 租金
        - 特许权使用费
        - 利息（非银行企业）

进一步学习建议

拿到“轻松过关®1”后，考生需要对税前扣除项目进行深入学习，重点关注各项目的扣除标准。在学习过程中，听一遍基础班的课程，并利用“轻松过关®1”中的相关习题进行巩固。

扫码听课

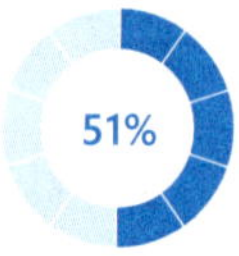

专题学习进度

专题四　个人所得税

互助群 · 23 年「东奥初级抢学群」

打开微信扫描右方二维码，加入学习社群，畅享多维服务。

• 严选资料　• 考点巩固　• 每日一练　• 陪伴督学

个人所得税属于常考税种之一，内容相对繁杂，但难度不大，需要在学习时辨析异同点。文字题考查方向：征税项目、经营所得的征税范围和扣除项目规定、其他 4 项所得的范围、偶然所得征不征的情形、税收优惠、自行申报纳税情形、汇算清缴规定。计算题考查方向：综合所得汇算清缴和预扣预缴、财产租赁所得、财产转让所得、偶然所得和利息、股息、红利所得的应纳税额计算。

通过本专题你会了解：

纳税人：如何区分居民个人和非居民个人；

征税项目：个人所得税各类征税所得如何区分；

应纳税额：如何计算财产租赁所得、财产转让所得、偶然所得和利息、股息、红利所得的应纳税额。

专题小词典

综合所得

不是针对取得某项所得按次征收个人所得税，而是将居民个人取得的工资薪金所得、劳务报酬所得、稿酬所得和特许权使用费所得四项所得合并后计算个人所得税。

经营所得

如个体工商户、个人独资企业和合伙企业个人合伙人会领取工商营业执照，根据执照上注明经营项目而赚取的所得。

个人所得税综合所得预扣预缴

居民个人在取得四项综合所得时，由支付所得的单位或个人在支付所得时预先扣留出税款，并代替纳税人缴纳税款的方法。

个人所得税综合所得汇算清缴

居民个人日常先预缴税款，年度终了再办理汇算清缴申报。针对多预缴的税款可申请退税；针对预缴税额低于应纳税额的需补缴税款。

住所

在中国境内有住所，是指因户籍、家庭、经济利益关系而在中国境内习惯性居住。

考点 1　个人所得税纳税人 ★★

考点导学　个人所得税的纳税人，包括中国公民、个体工商户、个人独资企业投资者和合伙企业个人合伙人等。

1. 居民个人和非居民个人

类型	判定标准	纳税义务
居民个人	在中国境内有住所的个人（住所标准）	就其从中国境内和境外取得的所得，按规定缴纳个人所得税
	在中国境内无住所而一个纳税年度内在中国境内居住累计满 183 天的个人（居住时间标准）	
非居民个人	在中国境内无住所又不居住的个人	仅就其从中国境内取得的所得，按规定缴纳个人所得税
	在中国境内无住所而一个纳税年度内在中国境内居住累计不满 183 天的个人	

2. 境内所得的界定

除国务院财政、税务主管部门另有规定外，下列所得，不论支付地点是否在中国境内，均为来源于中国境内的所得：

（1）因任职、受雇、履约等在中国境内提供劳务取得的所得；

（2）将财产出租给承租人在中国境内使用而取得的所得；

（3）许可各种特许权在中国境内使用而取得的所得；

（4）转让中国境内的不动产等财产或者在中国境内转让其他财产取得的所得；

（5）从中国境内企业、事业单位、其他组织以及居民个人取得的利息、股息、红利所得。

考点解读　本考点经常考查对基础概念的理解，考查频次比较高。在学习时，需要精准掌握本考点。

（1）个人所得税的纳税人依据住所和居住时间两个标准，分为居民个人和非居民个人。

条件	界定
在中国境内有住所	居民个人

<table>
<tr><th colspan="3">条件</th><th>界定</th></tr>
<tr><td rowspan="3">在中国境内无住所</td><td rowspan="2">一个纳税年度内在境内累计居住</td><td>≥ 183 天</td><td>居民个人</td></tr>
<tr><td>< 183 天</td><td>非居民个人</td></tr>
<tr><td colspan="2">在境内不居住</td><td>非居民个人</td></tr>
</table>

（2）注意对“一个纳税年度内在中国境内居住累计满 183 天”的理解，所谓一个纳税年度是指公历 1 月 1 日至 12 月 31 日。结合案例进行理解：

【案例 1】在中国境内无住所的外籍人员杰克 2021 年 8 月 1 日来到中国，2022 年 1 月 5 日离开中国。

Q：2021 年杰克是否属于居民个人？

A：由于 2021 年 1 月 1 日 –12 月 31 日杰克在境内累计居住不满 183 天，不属于居民个人。

【案例 2】在中国境内无住所的外籍人员玛丽 2021 年 5 月 1 日来到中国，2021 年 12 月 31 日离开中国。

Q：2021 年玛丽是否属于居民个人？

A：由于 2021 年 1 月 1 日 –12 月 31 日玛丽在境内累计居住满 183 天，属于居民个人。

牛刀小试

【多选题】根据个人所得税法律制度的规定，下列在中国境内无住所的外籍人员中，属于 2019 年度我国居民个人的有（ ）。

A. 亨利 2019 年 7 月 5 日来到中国，2020 年 1 月 5 日离开中国

B. 格瑞 2019 年 9 月 1 日来到中国，2020 年 1 月 2 日离开中国

C. 詹姆斯 2019 年 4 月 1 日来到中国，2019 年 11 月 30 日离开中国

D. 马歇尔 2019 年 1 月 1 日来到中国，2019 年 11 月 1 日离开中国

【解析】选项 AB：亨利、格瑞 2019 年度在中国境内居住时间累计不满 183 天，不属于居民个人。

【答案】CD

【多选题】根据个人所得税法律制度的规定，下列所得中，不论支付地点是否在中国境内，均为来源于中国境内的所得的有（ ）。

A. 将财产出租给承租人在中国境内使用而取得的所得

B. 许可各种特许权在中国境内使用而取得的所得

C. 转让中国境内的不动产取得的所得

D. 因任职在中国境内提供劳务取得的所得

【答案】ABCD

考点 2　工资、薪金所得 ★★★

考点导学　工资、薪金所得，是指个人因任职或者受雇而取得的工资、薪金、奖金、年终加薪、劳动分红、津贴、补贴以及与任职或者受雇有关的其他所得。

（1）下列不属于工资、薪金性质的补贴、津贴：

- 不征收个人所得税
  - ①独生子女补贴
  - ②托儿补助费
  - ③差旅费津贴、误餐补助
  - ④执行公务员工资制度未纳入基本工资总额的补贴、津贴差额和家属成员的副食补贴

（2）退休人员再任职取得的收入，在减除按税法规定的费用扣除标准后，按“工资、薪金所得”项目缴纳个人所得税。

（3）离退休人员除按规定领取离退休工资或者养老金外，另从原任职单位取得的各类补贴、奖金、实物，不属于免税项目，应在减除费用扣除标准后，按“工资、薪金所得”项目缴纳个人所得税。

考点解读　本考点属于常考点，重点掌握：

（1）哪些所得按照工资、薪金所得项目征税。

（2）哪些不属于“工资、薪金”性质的补贴收入。

（3）一般与“任职或者受雇”有关的所得，均属于工资、薪金所得。

牛刀小试　**【单选题】**根据个人所得税法律制度的规定，下列各项中，应征收个人所得税的是（　　）。

A. 托儿补助费

B. 独生子女补贴

C. 离退休人员从原任职单位取得的补贴

D. 差旅费津贴

【答案】C

【判断题】职工的误餐补助属于“工资、薪金”性质的补贴收入，应计征个人所得税。（　　）

【答案】×

考点3　劳务报酬所得、稿酬所得和特许权使用费所得 ★★★

考点导学

1. 劳务报酬所得的界定

（1）劳务报酬所得，是指个人独立从事劳务取得的所得，包括从事设计、装潢、安装、制图、化验、测试、医疗、法律、会计、咨询、讲学、翻译、审稿、书画、雕刻、影视、录音、录像、演出、表演、广告、展览、技术服务、介绍服务、经纪服务、代办服务以及其他劳务取得的所得。

（2）个人兼职取得的收入，应按照“劳务报酬所得”项目缴纳个人所得税。

2. 稿酬所得的界定

（1）稿酬所得，是指个人因其作品以图书、报刊形式出版、发表而取得的所得，作品包括文学作品、书画作品、摄影作品，以及其他作品。

（2）作者去世后，财产继承人取得的遗作稿酬，应按“稿酬所得”征收个人所得税。

3. 特许权使用费所得的界定

（1）特许权使用费所得，是指个人提供专利权、商标权、著作权、非专利技术以及其他特许权的使用权取得的所得。

（2）其他按照“特许权使用费所得”项目缴纳个人所得税的情形：

①作者将自己的文字作品手稿原件或者复印件公开拍卖取得的所得，按照“特许权使用费所得”项目缴纳个人所得税。

②个人取得专利赔偿所得，按照“特许权使用费所得”项目缴纳个人所得税。

③对于剧本作者从电影、电视剧的制作单位取得的剧本使用费，不再区分剧本的使用方是否为其任职单位，统一按“特许权使用费所得”项目计征个人所得税。

考点解读

本考点属于常考点，重点区分不同所得具体按照哪个项目征税。

（1）如何区分“劳务报酬所得”和“工资、薪金所得”？

主要看是否存在“任职或者受雇”的关系。

【案例】某大学教授从其任职学校取得的工资，属于“工资、薪金所得”；若该教授在其他公司提供培训服务而取得的收入，属于“劳务报酬所得”。

（2）稿酬所得重在强调作品以图书、报刊形式“出版、发表”而取得的所得。

（3）特许权使用费所得重在强调提供专利权、商标权、著作权、非专利技术等“无形资产”的使用权取得的所得。

牛刀小试

【单选题】根据个人所得税法律制度的规定，作者将自己的文字作品手稿原件拍卖取得的所得，适用的个人所得税应税项目是（　　）。

A. 稿酬所得

B. 劳务报酬所得

C. 偶然所得

D. 特许权使用费所得

【答案】D

【多选题】根据个人所得税法律制度的规定，下列个人所得中，应按“劳务报酬所得”项目征收个人所得税的有（　　）。

A. 某大学教授从甲企业取得的咨询费

B. 某公司高管从乙大学取得的讲课费

C. 某设计院设计师从丙公司取得的设计费

D. 某剧本作者从丁电视剧制作单位取得的剧本使用费

【解析】选项 D：应按“特许权使用费所得”项目征收个人所得税。

【答案】ABC

考点 4　经营所得 ★★

考点导学

1. 经营所得的界定

（1）个体工商户从事生产、经营活动取得的所得，个人独资企业投资人、合伙企业的个人合伙人来源于境内注册的个人独资企业、合伙企业生产、经营的所得；

（2）个人依法从事办学、医疗、咨询以及其他有偿服务活动取得的所得；

（3）个人对企业、事业单位承包经营、承租经营以及转包、转租取得的所得；

（4）个人从事其他生产、经营活动取得的所得。

2. 纳税期限

纳税人取得经营所得，按年计算个人所得税，由纳税人在月度或者季度终了后 15 日内向税务机关报送纳税申报表，并预缴税款；在取得所得的次年 3 月 31 日前办理汇算清缴。

考点解读

本考点经常考查对基础概念的理解，重点区分哪些所得按照经营所得征税。

经营所得重点强调纳税人从事“生产、经营活动”取得的所得，所以一般就会涉及“有经营场所、有经营项目”。

牛刀小试

【单选题】根据个人所得税法律制度的规定，下列各项中，应按照“经营所得”税目计缴个人所得税的是（　　）。

A. 个人取得专利赔偿收入

B. 个人取得图书出版的收入

C. 个人依法办学取得的培训收入

D. 个人兼职取得的收入

【解析】（1）选项 A：属于特许权使用费所得；（2）选项 B：属于稿酬所得；（3）选项 D：属于劳务报酬所得。

【答案】C

【单选题】根据个人所得税法律制度的规定，纳税人取得经营所得，应在取得所得的次年一定日期前办理汇算清缴。该日期为（　　）。

A. 5 月 31 日　　B. 6 月 30 日

C. 3 月 31 日　　D. 4 月 15 日

【答案】C

考点 5　财产租赁所得 ★★★

考点导学　财产租赁所得，是指个人出租不动产、机器设备、车船以及其他财产而取得的所得。

1. 计征方法：以 1 个月内取得的收入为一次，按次征收。

2. 税率：

（1）基本税率为 20%。

（2）对个人出租住房取得的所得暂减按 10% 的税率征收个人所得税。

3. 应纳税额的计算：

收入	计算公式
每次（月）收入 ≤ 4000 元的	应纳税额 =［每次（月）收入额 - 财产租赁过程中缴纳的税费 - 由纳税人负担的租赁财产实际开支的修缮费用 -800 元］× 税率
每次（月）收入 ＞ 4000 元的	应纳税额 =［每次（月）收入额 - 财产租赁过程中缴纳的税费 - 由纳税人负担的租赁财产实际开支的修缮费用］×（1-20%）× 税率

【提示】

（1）租金收入不含增值税；

（2）由纳税人负担的租赁财产实际开支的修缮费用每月以 800 元为上限。

考点解读　本考点属于常考点，经常考查计算型的单选题，着重掌握计算方式。

1. 财产租赁所得是转让有形动产和不动产的使用权所得，如果是转让“专利权、商标权、著作权”等无形资产使用权所得，属于特许权使用费所得。

2. 财产租赁所得按照差额确认应纳税所得额：

（1）首先扣除财产租赁过程中缴纳的税费，具体包括城市维护建设税、印花税、教育费附加、房产税。

（2）纳税人负担的租赁财产实际开支的修缮费用，每月最多只能扣除 800 元。

（3）最后一项法定扣除，由收入减去前两项扣除项目的余额和 4000 元比大小确定：余额≤ 4000 元，定额扣除 800 元；余额＞ 4000 元，扣除 20% 的费用。此规定无须记忆，题目经常作为已知条件提供。

牛刀小试 【单选题】2021 年 9 月，王某出租自有住房取得租金收入 6000 元（不含增值税），房屋租赁过程中缴纳的可以税前扣除的税费 240 元，支付该房屋的修缮费 1000 元。已知，个人出租住房个人所得税税率暂减按 10%，每次收入 4000 元以上的，减除 20% 的费用。计算王某当月出租住房应缴纳个人所得税税额的下列算式中，正确的是（　　）。

A.（6000－240－800）×10%=496（元）

B.（6000－240－1000）×10%=476（元）

C.（6000－240－1000）×（1－20%）×10%=380.8（元）

D.（6000－240－800）×（1－20%）×10%=396.8（元）

【解析】（1）“修缮费 1000 元”，每月最高扣 800 元，排除选项 BC；（2）6000－240－800=4960（元），超过 4000 元，减除费用按 20% 计算，选项 A 错误、选项 D 正确。

【答案】D

考点 6 财产转让所得 ★★

考点导学 1. 财产转让所得是指个人转让有价证券、股权、合伙企业中的财产份额、不动产、机器设备、车船以及其他财产取得的所得。

2. 应纳税额的计算。

财产转让所得，以转让财产的收入额减除财产原值和合理费用后的余额，为应纳税所得额。

【公式】应纳税额 =（不含增值税的收入总额 － 财产原值 － 合理费用）×20%

考点解读 本考点属于常考点，经常出文字型题目。

财产转让所得是将个人的财产所有权进行转让，范围包括有价证券、股权、合伙企业中的财产份额、不动产、机器设备、车船以及其他财产。

牛刀小试 【多选题】根据个人所得税法律制度的规定，下列各项中，属于财产转让所得的有（　　）。

A. 个人转让有价证券取得的所得

B. 个人转让合伙企业中的财产份额取得的所得

C. 个人转让股权取得的所得

D. 个人转让机器设备取得的所得

【答案】ABCD

考点 7　利息、股息、红利所得和偶然所得 ★★

考点导学　利息、股息、红利所得，是指个人拥有债权、股权而取得的利息、股息、红利所得。偶然所得，是指个人得奖、中奖、中彩以及其他偶然性质的所得。

1. 按次计征

（1）利息、股息、红利所得以支付利息、股息、红利时取得的收入为一次。

（2）偶然所得以每次取得该项收入为一次。

2. 应纳税额的计算

利息、股息、红利所得和偶然所得以每次收入额为计税依据，除另有规定外，没有扣除的问题。

【公式】应纳税额 = 每次收入额 ×20%

考点解读　本考点经常考查对基础概念的理解，内容简单易掌握。

在确认应纳税所得额时，对于财产租赁所得和财产转让所得有扣除项目；对于利息、股息、红利所得和偶然所得无扣除项目。

牛刀小试　【单选题】中国公民王某 2022 年 5 月购买福利彩票取得一次中奖收入 200000 元，购买彩票支出 10000 元。已知，偶然所得个人所得税税率为 20%。根据个人所得税法律制度的规定，计算王某当月该笔中奖收入应缴纳个人所得税税额的下列算式中，正确的是（　　）。

A. 200000×20%=40000（元）

B.（200000-10000）÷（1-20%）×20%=47500（元）

C. 200000÷（1-20%）×20%=50000（元）

D.（200000-10000）×20%=38000（元）

【答案】A

专题复盘

- 个人所得税（一）
  - 个人所得税纳税人
    - 居民个人
      - 判断标准（满足其一）
        - 在中国境内有住所
        - 在中国境内无住所而一个纳税年度内在中国境内居住累计满183天
      - 纳税义务——境内所得、境外所得均需在境内纳税
    - 非居民个人
      - 在中国境内无住所且不居住
      - 在中国境内无住所且一个纳税年度内在中国境内居住累计不足183天
      - 纳税义务——仅就中国境内所得纳税
  - 工资、薪金所得
    - 因任职或者受雇而取得的所得
    - 不属于工资、薪金所得
      - “2孩”
        - 独生子女补贴
        - 托儿补助费
      - “1公”——执行公务员工资制度未纳入基本工资总额的补贴、津贴差额和家属成员的副食补贴
      - “差、补”
        - 差旅费津贴
        - 误餐补助
  - 劳务报酬所得、稿酬所得和特许权使用费所得
    - 劳务报酬所得——强调非雇佣关系取得的所得
    - 稿酬所得——强调作品以图书、报刊形式“出版、发表”而取得的所得
    - 特许权使用费所得——提供专利、商标等“无形资产”的使用权取得的所得
  - 经营所得
    - 界定
    - 在取得所得的次年3月31日前办理汇算清缴

- 个人所得税（二）
  - 财产租赁所得
    - 以一个月内取得的收入为一次
    - 收入≤ 4000 元 → 减 800 元
    - 收入＞ 4000 元 → ×（1-20%）
    - 修缮费，每月最多扣 800 元
    - 个人出租住房取得的所得税率为 10%
  - 财产转让所得 → 应纳税额 =（不含增值税的收入 - 财产原值 - 合理费用）× 20%
  - 利息、股息、红利所得和偶然所得 → 应纳税额 = 每次收入额 × 20%

进一步学习建议

拿到“轻松过关®1”后，考生需要对征税范围内各税目进行深入学习，重点关注各税目的辨析和计算。在学习过程中，听一遍基础班的课程，并利用“轻松过关®1”中的相关习题进行巩固。

扫码听课

67%

专题学习进度

专题五 票 据

票据知识的学习属于难点，很多考生在实际工作和生活中未接触过票据，所以学习时倍感压力，而票据又是考试重点，需要理解并记忆的内容比较多。因此考生需要多总结和多做题，反复巩固和记忆相关内容。票据考查方向：（1）种类：银行承兑汇票、支票大概率会在不定项选择题中考查；（2）权利：付款请求权（主要考核日期的记忆）、追索权（追索对象以及时效）；（3）行为：背书、出票、承兑、保证，可以单独出小题，也可以出不定项选择题。

通过本专题你会了解：

汇票：什么是汇票，如何区分银行汇票和商业汇票；
本票：什么是银行本票；
支票：什么是支票。

专题小词典

票据

一种有价证券，能像钱一样进行款项结算，如一张100万元的支票，比起现金而言，方便支付和携带。

基本当事人

票据作成和交付时就已经存在的当事人，一般包括出票人、付款人和收款人三种。

非基本当事人

在票据作成并交付后，通过一定的票据行为加入票据关系而享有一定权利、承担一定义务的当事人，包括承兑人、背书人、被背书人、保证人等。

预留签章

开户时预留给银行的签章卡片，方便银行办理付款时比对“暗号”使用。

出票

简单理解为签发票据并交付。

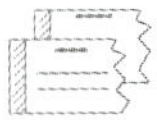

提示付款

票据只是价值相当于钱的“纸”，收款人或持票人并没有真正获得“真金白银”，因此需要将“纸”变成“钱”，这个过程叫提示付款。

承兑

“承兑”，即承诺兑付。由于远期商业汇票出票时持票人并不能实际获得票款，只是获得出票人委托付款人于票据到期时付款的一张“纸”，这张“纸”上只有出票人签章，并无付款人签章，持票人必然担心付款人到期是否会支付票款，因此，持票人需要获得付款人的兑付承诺。

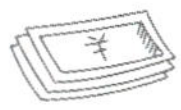

考点1　银行汇票 ★★★

考点导学　1. 概念

银行汇票是基础关系付款方申请出票银行签发的，由出票银行在见票时按照实际结算金额无条件支付给收款人或者持票人的票据。

2. 基本当事人为付款人、出票人、收款人。

3. 适用范围

银行汇票可以用于转账，填明“现金”字样的银行汇票也可以用于支取现金。

【提示】现金银行汇票的申请人和收款人应当均为个人。

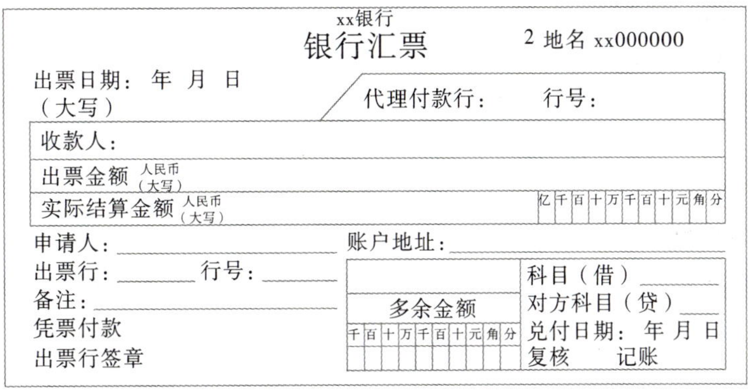

xx银行
银行汇票　　2 地名 xx000000

出票日期：年 月 日（大写）　代理付款行：　行号：

收款人：

出票金额 人民币（大写）

实际结算金额 人民币（大写）　亿 千 百 十 万 千 百 十 元 角 分

申请人：　账户地址：

出票行：　行号：　科目（借）

备注：　多余金额　对方科目（贷）

凭票付款　千 百 十 万 千 百 十 元 角 分　兑付日期：年 月 日

出票行签章　复核　记账

4. 出票必须记载事项

欠缺记载下列事项之一的，银行汇票无效：

（1）表明“银行汇票”的字样；

（2）无条件支付的承诺；

（3）出票金额；

（4）付款人名称；

（5）收款人名称；

（6）出票日期；

（7）出票人签章。

【小口诀】“金师傅日出无恙”。

5. 实际结算金额

（1）未填明实际结算金额和多余金额或实际结算金额超过出票金额的，银行不予受理；

（2）银行汇票的实际结算金额低于出票金额的，其多余金额由出票银行退交申请人；

（3）银行汇票的实际结算金额一经填写不得更改，更改实际结算金额的银行汇票无效。

6. 提示付款期限

银行汇票限于见票即付，提示付款期限自出票日起 1 个月内。

考点解读　本考点考查频次比较高，各类题型均可涉及，学习时需要全面掌握。

【案例】“白吃白喝”餐厅（开户行为 A 银行）向供应商甲企业采购食材，合同约定价款 100 万元；由于“白吃白喝”餐厅购买量大，甲企业给予其 1% 的折扣，同时约定了使用银行汇票结算。

【办理程序】“白吃白喝”餐厅填写“银行汇票申请书”申请其开户银行 A 银行签发银行汇票，A 银行受理并收取款项后，于 2021 年 5 月 20 日将银行汇票和解讫通知一并交给“白吃白喝”餐厅，“白吃白喝”餐厅将银行汇票和解讫通知一并交付给甲企业。

【结论 1】申请人：“白吃白喝”餐厅；出票人：A 银行；收款人：甲企业。

【结论 2】甲企业给予“白吃白喝”餐厅 1% 的折扣，实际应结款项为 99 万元，甲企业将 99 万元填入银行汇票和解讫通知的实际结算金额栏，多余金额 1 万元由 A 银行退还“白吃白喝”餐厅。

牛刀小试　**【单选题】**根据支付结算法律制度的规定，下列关于银行汇票使用的表述中，正确的是（　　）。

A. 银行汇票不能用于个人款项结算

B. 银行汇票不能支取现金

C. 银行汇票的提示付款期限为自出票日起 1 个月

D. 银行汇票必须按出票金额付款

【解析】（1）选项 A：单位和个人各种款项结算，均可使用银行汇票；（2）选项 B：银行汇票可以用于转账，填明“现金”字样的银行汇票也可以用于支取现金；（3）选项 D：银行汇票按不超过出票金额的实际结算金额办理结算。

【答案】C

【单选题】关于银行汇票出票金额和实际结算金额，下列表述正确的是（　　）。

A. 如果出票金额低于实际结算金额，银行应按出票金额办理结算

B. 如果出票金额高于实际结算金额，银行应按出票金额办理结算

C. 如果出票金额低于实际结算金额，银行应按实际结算金额办理结算

D. 如果出票金额高于实际结算金额，银行应按实际结算金额办理结算

【解析】（1）选项 AC：实际结算金额超过出票金额的，银行不予受理；（2）选项 BD：银行汇票的实际结算金额低于出票金额的，银行按照实际结算金额办理结算，其多余金额由出票银行退交申请人。

【答案】D

考点 2　银行本票 ★★

考点导学

1. 概念

本票是指出票人签发的，承诺自己在见票时无条件支付确定的金额给收款人或者持票人的票据；在我国，本票限于银行本票。

2. 基本当事人为出票人（付款人）、收款人。

3. 适用范围

（1）银行本票可以用于转账，注明“现金”字样的银行本票可以用于支取现金；申请人或收款人为单位的，银行不得为其签发现金银行本票。

（2）单位和个人在同一票据交换区域需要支付的各种款项，均可以使用银行本票。

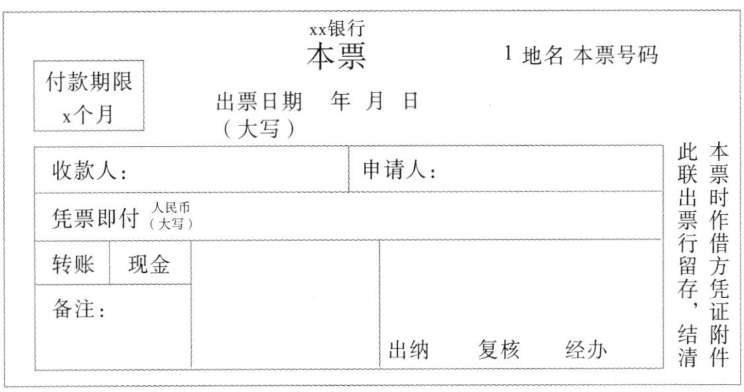

4. 出票必须记载事项

欠缺记载下列事项之一的，银行本票无效：

（1）表明“银行本票”的字样；

（2）无条件支付的承诺；

（3）确定的金额；

（4）收款人名称；

（5）出票日期；

（6）出票人签章。

【小口诀】“金师傅日出无恙，本无付”。

5. 受理

（1）出票银行受理“银行本票申请书”，收妥款项，签发银行本票交给申请人；申请人应将银行本票交付给本票上记明的收款人；

（2）出票银行必须具有支付本票金额的可靠资金来源，并保证支付。

6. 提示付款期限

提示付款期限自出票日起最长不得超过2个月。

考点解读　本考点考查频次非常高，各类题型均可能涉及，学习时需要全面掌握。

【案例】“白吃白喝”餐厅（开户行为A银行）向供应商甲企业采购食材，合同约定价款100万元，同时约定了使用银行本票结算。

【办理程序】“白吃白喝”餐厅填写“银行本票申请书”申请其开户银行A银行签发银行本票，A银行受理并收取款项后，于2021年5月20日将银行本票交给“白吃白喝”餐厅，“白吃白喝”餐厅将银行本票交付给甲企业。

【结论1】申请人:“白吃白喝”餐厅；出票人：A银行（付款人)；收款人：甲企业。

【结论2】甲企业应于多久办理款项入账（提示付款）属于合理期限？应于出票日（5月20日）起最长不超过2个月办理，即7月20日前办理。

牛刀小试　**【单选题】**根据支付结算法律制度的规定，关于银行本票使用的下列表述中，不正确的是（　　）。

A. 银行本票的出票人在持票人提示见票时，必须承担付款的责任

B. 注明“现金”字样的银行本票可以用于支取现金

C. 银行本票只限于单位使用，个人不得使用

D. 提示付款期限自出票日起最长不得超过2个月

【解析】选项C:“单位和个人”在同一票据交换区域需要支付的各种款项，均可以使用银行本票。

【答案】C

【判断题】银行本票由银行出票，持票人向出票银行提示付款。(　　)

【答案】√

考点 3　支票 ★★★

考点导学　1. 概念

支票是指出票人签发的、委托办理支票存款业务的银行在见票时无条件支付确定的金额给收款人或者持票人的票据。

2. 基本当事人为付款人、出票人、收款人。

3. 适用范围

(1) 转账支票只能用于转账；现金支票只能用于支取现金；普通支票既可用于转账，也可用于支取现金。

(2) 在普通支票左上角划两条平行线的，为划线支票，划线支票只能用于转账，不得支取现金。

(3) 单位和个人在同一票据交换区域的各种款项结算，均可以使用支票。

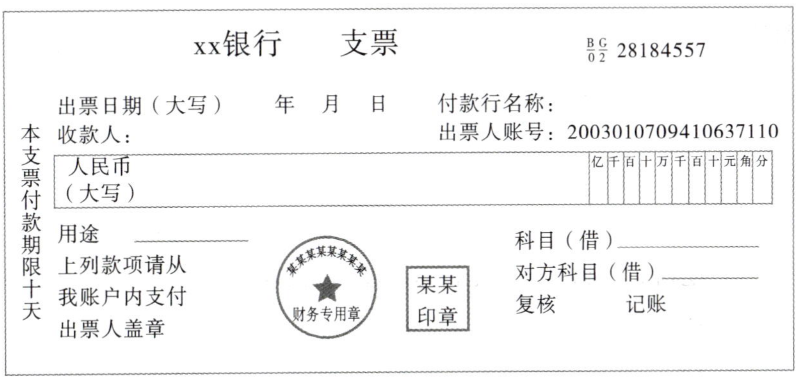

xx银行　支票　BG 02 28184557

本支票付款期限十天

出票日期（大写）　年　月　日　付款行名称：

收款人：　出票人账号：2003010709410637110

人民币（大写）　亿 千 百 十 万 千 百 十 元 角 分

用途 ______

上列款项请从我账户内支付

出票人盖章

某某某某某某某 财务专用章　某某印章

科目（借）______

对方科目（借）______

复核　记账

4. 出票必须记载事项

欠缺记载下列事项之一的，支票无效：

(1) 表明“支票”的字样；

(2) 无条件支付的委托；

(3) 确定的金额；

(4) 付款人名称；

(5) 出票日期；

(6) 出票人签章。

【小口诀】“金师傅日出无恙，支无收”。

5. 空头支票

（1）基本规定。

出票人签发的支票金额超过其付款时在付款人处实有的存款金额的，为空头支票；对空头支票，付款银行有权拒付。

（2）法律责任。

单位或个人签发空头支票，不以骗取财物为目的的：

①由中国人民银行处以票面金额5%但不低于1000元的罚款。

②持票人有权要求出票人赔偿支票金额2%的赔偿金。

6. 授权补记

支票的金额、收款人名称，可以由出票人授权补记，未补记前不得背书转让和提示付款（注：支票独有授权补记）。

7. 提示付款

支票的提示付款期限自出票日起10日，持票人可以委托开户银行收款或者直接向付款人提示付款。

考点解读　本考点考查频次非常高，各类题型均可能涉及，学习时需要全面掌握。

【案例】“白吃白喝”餐厅（开户行为A银行）向供应商甲企业采购食材，合同约定价款100万元，同时约定了使用支票结算。

【办理程序】“白吃白喝”餐厅向开户银行A银行购买支票本，2021年5月20日，“白吃白喝”餐厅签发支票给甲企业。

【结论1】出票人：“白吃白喝”餐厅；付款人：A银行；收款人：甲企业。

【结论2】甲企业应于多久办理款项入账（提示付款）属于合理期限？应于出票日（5月20日）起10日内办理，即5月30日前办理。

牛刀小试　**【单选题】**甲公司向乙公司签发金额为200000元的支票用于支付货款，乙公司按期提示付款时被告知甲公司在付款人处实有的存款金额仅为100000元，乙公司有权要求甲公司支付的赔偿金是（　　）元。

A. 100000×5%　　B. 100000×2%

C. 200000×5%　　D. 200000×2%

【解析】单位或者个人签发空头支票，不以骗取财物为目的的，持票人有权要求出票人赔偿“支票金额2%”的赔偿金。

【答案】D

【多选题】根据支付结算法律制度的规定，下列支票的记载事项中，可以授权补记的有（　　）。

A. 金额　　B. 付款人名称

C. 收款人名称　　D. 付款地

【解析】支票的金额、收款人名称，可以由出票人授权补记，未补记前不得背书转让和提示付款。

【答案】AC

考点 4 商业汇票 ★★★

考点导学 1. 概念

商业汇票是指出票人（在银行开立存款账户的法人以及其他组织，即非银行）签发的，委托付款人在指定日期（到期后）无条件支付确定金额给收款人或者持票人的票据。出票人也可以依法使用电子商业汇票。

【提示】个人不能使用商业汇票结算。

2. 种类

分类标准	种类	出票人	付款人	承兑人
承兑人的不同	商业承兑汇票	单位		由银行以外的付款人承兑
	银行承兑汇票	单位	银行	由银行承兑
电子商业汇票的承兑人不同	电子商业承兑汇票	单位		由金融机构以外的法人或其他组织承兑
	电子银行承兑汇票	单位	银行	由银行业金融机构、财务公司承兑

3. 提示承兑期限

（1）定日付款或者出票后定期付款的商业汇票：到期日前提示承兑。

（2）见票后定期付款的商业汇票：自出票之日起 1 个月内提示承兑。

【小口诀】“定日出票到期前，见票承兑 1 个月”。

4. 商业汇票的到期日

（1）付款期限记载形式（3 种）。

付款期限记载形式
- 定日付款的商业汇票——在汇票上记载具体的到期日
- 出票后定期付款的商业汇票——到期日自出票日起按月计算，并在汇票上记载
- 见票后定期付款的商业汇票——到期日自承兑或者拒绝承兑日起按月计算，并在汇票上记载

（2）法定最长付款期限。

①纸质商业汇票的付款期限，最长不得超过 6 个月；

②电子商业汇票的付款期限自出票日起至到期日止不超过 1 年。

（3）提示付款。

远期商业汇票的提示付款期限，自汇票到期日起 10 日。

【小口诀】“自出票，汇 1 本 2 支 10；商业到期 10 日”。

考点解读　本考点考查频次非常高，在理解上也有难度，学习时有 4 处难点。

1. 银行汇票和商业汇票的区分

（1）出票人身份不同，银行汇票出票人是银行；商业汇票出票人是一般单位。

（2）付款期限不同，银行汇票的付款人见票时无条件支付；商业汇票付款人在票据到期后付款。

2. 对承兑的理解，如下图所示：

（1）由于付款行 A 银行并未签章，代表未承兑，乙公司到期无法取得票款。

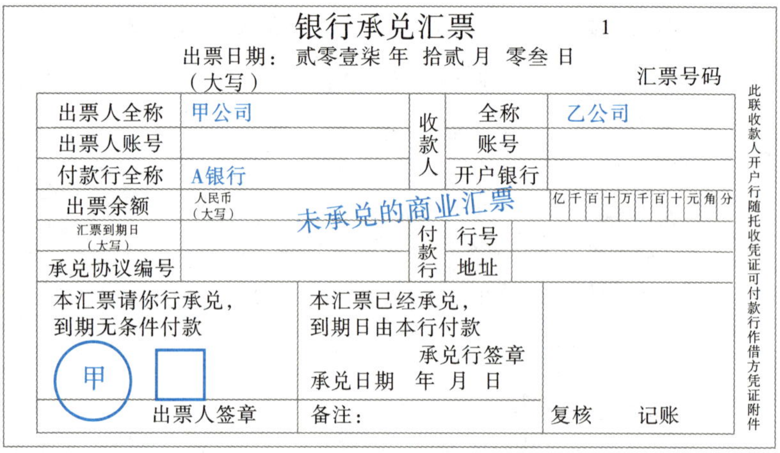
银行承兑汇票　1
出票日期：贰零壹柒 年 拾贰 月 零叁 日
（大写）
汇票号码
出票人全称　甲公司
出票人账号
付款行全称　A银行
收款人　全称　乙公司
账号
开户银行
出票余额　人民币（大写）
亿 千 百 十 万 千 百 十 元 角 分
汇票到期日（大写）
付款行　行号
地址
承兑协议编号
本汇票请你行承兑，到期无条件付款
甲
出票人签章
本汇票已经承兑，到期日由本行付款
承兑行签章
承兑日期　年　月　日
备注：
复核　记账
此联收款人开户行随托收凭证可付款行作借方凭证附件
未承兑的商业汇票

（2）付款人 A 银行在票据上进行“承兑”签章，代表乙公司到期找到 A 银行提示付款，A 银行承诺兑付。

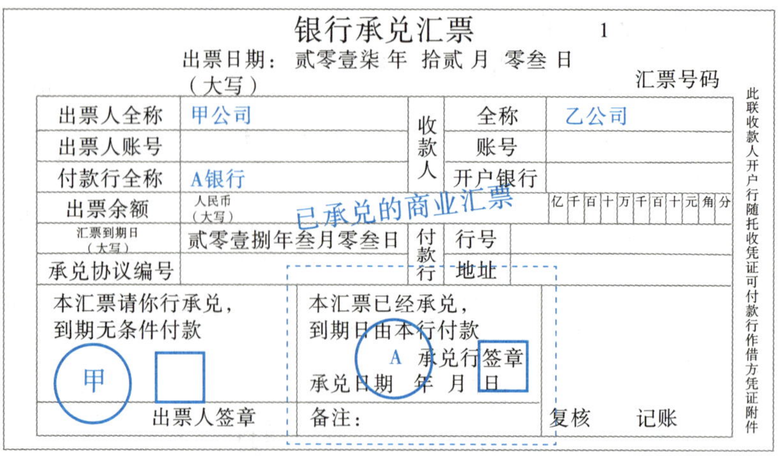
银行承兑汇票　1
出票日期：贰零壹柒 年 拾贰 月 零叁 日
（大写）
汇票号码
出票人全称　甲公司
出票人账号
付款行全称　A银行
收款人　全称　乙公司
账号
开户银行
出票余额　人民币（大写）
亿 千 百 十 万 千 百 十 元 角 分
汇票到期日（大写）　贰零壹捌年叁月零叁日
付款行　行号
地址
承兑协议编号
本汇票请你行承兑，到期无条件付款
甲
出票人签章
本汇票已经承兑，到期日由本行付款
A　承兑行签章
承兑日期　年　月　日
备注：
复核　记账
此联收款人开户行随托收凭证可付款行作借方凭证附件
已承兑的商业汇票

3. 判断属于何种类型的商业汇票

【案例1】甲公司为支付货款给乙公司签发一张于2018年8月8日到期的商业汇票。
【答案】定日付款的商业汇票。（给定一个明确的日期）

【案例2】甲公司1月1日为支付货款给乙公司签发一张商业汇票，到期日为出票日后1个月。
【答案】出票后定期付款的商业汇票，到期日为2月1日。

【案例3】甲公司1月1日为支付货款给乙公司签发一张商业汇票，到期日为见票日后1个月。2月1日丙银行对此票据进行了承兑。
【答案】见票后定期付款的商业汇票，到期日为3月1日。（见票就是提示承兑）

4. 承兑和付款辨析
由于商业汇票到期后付款，所以到期前需提示承兑。商业汇票的承兑是必经过程，未承兑，到期后也无法取得票款。见票即付的银行汇票、银行本票、支票无须承兑。

牛刀小试

【单选题】根据支付结算法律制度的规定，持票人取得的下列票据中，须向付款人提示承兑的是（　　）。
A. 戊公司向Q银行申请签发的一张银行汇票
B. 丙公司取得的由P银行签发的一张银行本票
C. 丁公司收到的一张见票后定期付款的商业汇票
D. 乙公司收到的由甲公司签发的一张支票
【解析】只有远期票据需要提示承兑，银行汇票、银行本票、支票均属于见票即付的“即期票据”，无须提示承兑。
【答案】C

【单选题】根据支付结算法律制度的规定，电子承兑汇票的付款期限自出票日起至到期日止不能超过一定期限。该期限为（　　）。
A. 2年　　B. 3个月
C. 6个月　　D. 1年
【解析】电子承兑汇票的付款期限自出票日起至到期日止不超过1年。
【答案】D

专题复盘

- 票据（一）
  - 银行汇票
    - 单位和个人均可使用
    - 填明现金字样的，可支取现金
    - 出票人：银行
    - 必须记载事项：“金师傅日出无恙”
    - 金额：实际结算金额
    - 提示付款期：出票日 +1 个月
    - 基本当事人：出票人、收款人、付款人
  - 银行本票
    - 单位和个人均可使用
    - 填明现金字样的，可支取现金
    - 出票人：银行；出票人即是付款人
    - 必须记载事项：“金师傅日出无恙，本无付”
    - 提示付款期：出票日 +2 个月
    - 基本当事人：出票人、收款人
  - 支票
    - 单位和个人均可使用
    - 现金支票、转账支票、普通支票
    - 签发空头支票承担法律责任
      - 行政处罚：中国人民银行
        票面金额 5% 但不低于 1000 元
      - 民事责任：票面金额的 2%
    - 提示付款期：出票日 +10 日
    - 必须记载事项：“金师傅日出无恙，支无收”
    - 授权补记事项：金额、收款人名称
    - 基本当事人：出票人、收款人、付款人

- 票据（二）
  - 商业汇票
    - 只能单位使用
    - 承兑人身份不同
      - 银行承兑汇票
        - 出票人：一般单位
        - 承兑人
          - 纸质 —— 银行业金融机构
          - 电子 —— 银行业金融机构、财务公司
      - 商业承兑汇票
        - 出票人：一般单位
        - 承兑人：一般单位
    - 法定最长付款期限
      - 纸质：6 个月
      - 电子：1 年
    - 三种形式记载到期日
      - 定日付款 —— 到期日前提示承兑
      - 出票后定期付款 —— 到期日前提示承兑
      - 见票后定期付款 —— 出票日起 1 个月内提示承兑
    - 提示付款期 —— 到期日 +10 日

进一步学习建议

拿到“轻松过关®1”后，考生需要对商业汇票、支票、银行汇票考点进行深入学习，重点关注商业汇票的提示承兑与到期日、银行汇票实际结算金额以及出票必须记载事项等内容。在学习过程中，听一遍基础班的课程，并利用“轻松过关®1”中的相关习题进行巩固。

扫码听课

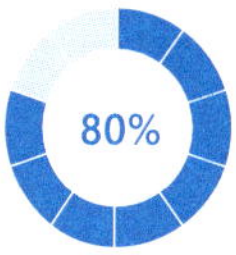

专题学习进度

专题六　劳动合同

本部分内容比较贴合工作、生活，容易接受和理解，但本章难点在于对数字的记忆，考生一定要通过数字关。整体复习难度不大。文字题考核方向：劳动关系的建立、劳动合同的订立、无固定期限劳动合同、非全日制用工、带薪年休假、试用期、劳动合同的解除、劳务派遣、劳动仲裁。计算题考核方向：劳动报酬（加班工资、扣工资）、试用期的工资、服务期的违约金。

通过本专题你会了解：

主体：劳动合同的主体具体规定有哪些；
建立：劳动关系建立是什么时候；
订立：用人单位什么时候与劳动者订立书面劳动合同；
非全日制用工：非全日制用工方式是什么；
必备条款：哪些条款属于劳动合同的必备条款，具体规定有哪些；
可备条款：哪些条款属于劳动合同的可备条款，具体规定有哪些。

专题小词典

非全日制用工

以小时计酬为主，劳动者在同一用人单位一般平均每日工作时间不超过四小时，每周工作时间累计不超过二十四小时的用工形式。

服务期

用人单位为劳动者提供专项培训费用，对其进行专业技术培训的，可以与该劳动者订立协议，约定服务期，限制劳动者自主择业权。

竞业限制

用人单位的高级管理人员、高级技术人员以及其他负有保密义务人员，在终止或解除劳动合同后的一定期限内不得在生产或者经营同类产品、从事同类业务的有竞争关系的用人单位任职，也不得自己开业生产或经营同类产品、从事同类业务。

经济补偿金

在劳动关系的解除和终止时，且劳动者无过错情形下，由用人单位向劳动者支付法定的补偿金。

违约金

劳动者违反了服务期和竞业限制的约定，劳动者按照约定，向用人单位支付违约金。相当于劳动者有过错，具有惩罚性和赔偿性。

赔偿金

用人单位和劳动者由于自己的过错给对方造成损害，由过错方（可能是用人单位，也可能是劳动者）支付法定的赔偿金。

考点 1　劳动合同订立的主体 ★★

考点导学

（一）劳动者

1. 劳动年龄

禁止用人单位招用未满 16 周岁的未成年人；文艺、体育、特种工艺单位招用未满 16 周岁的未成年人，必须遵守国家有关规定，并保障其接受义务教育的权利。

2. 就业权利平等

（1）劳动者就业，不因民族、种族、性别、宗教信仰不同而受歧视。

（2）妇女享有与男子平等的就业权利。在录用职工时，除国家规定的不适合妇女的工种或者岗位外，不得以性别为由拒绝录用妇女或者提高对妇女的录用标准。

3. 如实告知

用人单位有权了解劳动者与劳动合同直接相关的基本情况，劳动者应当如实说明。

（二）用人单位

1. 用人单位设立的分支机构

用人单位设立的分支机构，依法取得营业执照或者登记证书的，可以作为用人单位与劳动者订立劳动合同；未依法取得营业执照或者登记证书的，受用人单位委托可以与劳动者订立劳动合同。

2. 如实告知

用人单位招用劳动者时，应当如实告知劳动者工作内容、工作条件、工作地点、职业危害、安全生产状况、劳动报酬，以及劳动者要求了解的其他情况。

3. 不得扣押证件、收取财物

（1）用人单位招用劳动者，不得扣押劳动者的居民身份证和其他证件。用人单位扣押劳动者居民身份证等证件的，由劳动行政部门责令限期退还劳动者本人，并依照有关法律规定给予处罚。

（2）用人单位招用劳动者，不得要求劳动者提供担保或者以其他名义向劳动者收取财物。

考点解读　本考点属于概念性内容，知识点易学，根据常识即可判断。

牛刀小试　**【单选题】**用人单位招用劳动者的下列情形中，符合法律规定的是（　　）。

A. 丙超市与刚满15周岁的初中毕业生赵某签订劳动合同

B. 乙公司以只招男性为由拒绝录用应聘者李女士从事会计工作

C. 甲公司设立的分公司已领取营业执照，该分公司与张某订立劳动合同

D. 丁公司要求王某提供2000元保证金后才与其订立劳动合同

【解析】（1）选项A：赵某未满16周岁，丙超市不属于“文艺、体育、特种工艺单位”，不得招用未满16周岁的未成年人；（2）选项B：“会计”不属于国家规定的不适合妇女的岗位，不得拒绝录用女性；（3）选项C：该分公司已依法取得营业执照，可以作为用人单位与劳动者订立劳动合同；（4）选项D：用人单位招用劳动者，不得扣押劳动者的居民身份证和其他证件，不得要求劳动者提供担保或者以其他名义向劳动者收取财物。

【答案】C

【多选题】根据劳动合同法律制度的规定，特定用人单位招用未满16周岁的未成年人应遵守相关规定并保障其接受义务教育的权利。下列用人单位中，可招用未满16周岁未成年人的有（　　）。

A. 文艺单位　　B. 物流配送单位

C. 体育单位　　D. 餐饮单位

【答案】AC

考点2　劳动关系的建立和劳动合同的订立 ★★★

考点导学　1. 用人单位自用工之日起即与劳动者建立劳动关系。

2. 用人单位与劳动者在用工之前订立劳动合同的，劳动关系自用工之日起建立。

3. 对于已建立劳动关系，未同时订立书面劳动合同的，应当自用工之日起 1 个月内订立书面劳动合同。

考点解读　本考点属于常考点，注意题目中的陷阱，劳动关系的建立时间只与“用工之日”有关，与是否签订了书面劳动合同、书面劳动合同的签订时间（先签合同后用工或先用工后签合同）、书面劳动合同约定的合同期限起算点、试用期满时间、发放第一笔工资的时间等均无关。

牛刀小试　**【单选题】**2015 年 6 月 5 日，张某到甲公司工作。6 月 8 日甲公司与张某签订劳动合同，约定合同期限自 2015 年 6 月 9 日起至 2017 年 6 月 8 日止，每月 20 日发放工资。根据劳动合同法律制度的规定，甲公司与张某劳动关系建立的时间是（　　）。

A. 2015 年 6 月 9 日　　B. 2015 年 6 月 20 日

C. 2015 年 6 月 8 日　　D. 2015 年 6 月 5 日

【答案】D

【判断题】用人单位与劳动者在用工前订立劳动合同的，劳动关系自订立劳动合同之日起建立。（　　）

【答案】×

考点 3　非全日制用工 ★★★

考点导学　1. 劳动合同必须采用书面形式，只有非全日制用工可以采取口头形式。

2. 从事非全日制用工的劳动者可以与一个或者一个以上用人单位订立劳动合同；但是，后订立的劳动合同不得影响先订立的劳动合同的履行。

3. 非全日制用工双方当事人不得约定试用期。

4. 非全日制用工双方当事人任何一方都可以随时通知对方终止用工。终止用工，用人单位不向劳动者支付经济补偿。

5. 非全日制用工小时计酬标准不得低于用人单位所在地人民政府规定的最低小时工资标准。用人单位可以按小时、日或者周为单位结算工资，但非全日制用工劳动报酬结算支付周期最长不得超过 15 日。

考点解读　本考点属于概念性内容，由于非全日制用工方式较为灵活，用工可以口头且可以和多个用人单位订立，双方随时通知即可解除劳动合同，所以劳动关系解除时，用人单位无须向劳动者支付经济补偿金。

牛刀小试　**【单选题】**根据劳动合同法律制度的规定，下列关于非全日制用工形式的表述中，正确的是（　　）。

A. 小时计酬标准不得低于用人单位所在地最低小时工资标准

B. 双方当事人任何一方终止用工均应提前3天通知对方

C. 劳动报酬可按月结算

D. 双方当事人可以约定试用期

【解析】（1）选项B：非全日制用工双方当事人任何一方都可以随时通知对方终止用工。（2）选项C：用人单位可以按小时、日或者周为单位结算工资，但非全日制用工劳动报酬结算支付周期最长不得超过15日。（3）选项D：非全日制用工双方当事人不得约定试用期。

【答案】A

【多选题】根据劳动合同法律制度的规定，下列关于非全日制用工的表述中，正确的有（　　）。

A. 双方当事人任何一方都可以随时通知对方终止用工

B. 双方当事人可以约定试用期

C. 劳动报酬结算支付周期最长不得超过15日

D. 双方当事人可以订立口头协议

【解析】选项B：非全日制用工双方当事人不得约定试用期。

【答案】ACD

考点4　劳动合同的必备条款与可备条款 ★★★

考点导学

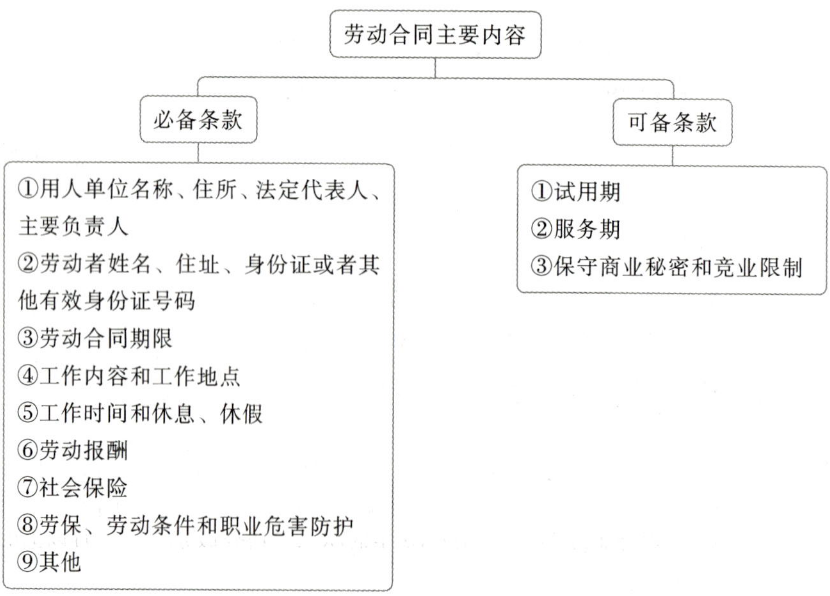

考点解读　本考点属于概念性内容，主要记忆可备条款的内容，可备条款可以理解为可以约定的条款。

牛刀小试　**【单选题】**根据劳动合同法律制度的规定，下列各项中，属于劳动合同可备条款的是（　　）。

A. 休息、休假　　B. 服务期

C. 工作时间　　D. 合同期限

【解析】选项 ACD：属于劳动合同必备条款。

【答案】B

【多选题】根据劳动合同法律制度的规定，下列各项中，属于劳动合同必备条款的有（　　）。

A. 服务期　　B. 劳动保护

C. 工作地点　　D. 工作时间

【解析】选项 A：属于劳动合同可备条款。

【答案】BCD

考点 5　带薪年休假 ★★★

考点导学　1. 适用范围

（1）机关、团体、企业、事业单位、民办非企业单位、有雇工的个体工商户等单位的职工连续工作 1 年以上的，享受带薪年休假。

（2）职工在年休假期间享受与正常工作期间相同的工资收入。

（3）国家法定休假日、休息日不计入年休假的假期。

2. 年休假的标准

累计工作年限	年休假的天数
1 年 ≤ X ＜ 10 年	5 天
10 年 ≤ X ＜ 20 年	10 天
X ≥ 20 年	15 天

3. 不享受当年年休假的情形

（1）职工依法享受寒暑假，其休假天数多于年休假天数的；

（2）职工请事假累计 20 天以上且单位按照规定不扣工资的；

（3）累计工作满 1 年不满 10 年的职工，请病假累计 2 个月以上的；

（4）累计工作满 10 年不满 20 年的职工，请病假累计 3 个月以上的；

（5）累计工作满 20 年以上的职工，请病假累计 4 个月以上的。

考点解读 本考点属于常考点，尤其是对于时间的考查，需要精准记忆。可以根据以下记忆方法进行记忆：

1. 年休假的天数：1年10年算本级，5天5天休年假。

2. 不得享受年休假情形：1年10年算本级，234月请病假，寒假暑假正常休，事假20不扣钱。

牛刀小试 【单选题】刘某在甲公司工作3年。已知刘某累计工作18年且符合享受年休假条件。根据劳动合同法律制度的规定，刘某可享受的当年年休假天数为（　　）。

A. 5天　　B. 10天　　C. 15天　　D. 20天

【答案】B

【单选题】2016年7月1日，李某大学毕业后到甲公司工作，双方签订了劳动合同。2019年8月15日，李某向甲公司申请享受当年年休假。根据劳动合同法律制度的规定，李某可以享受的年休假法定天数为（　　）。

A. 15天　　B. 0　　C. 5天　　D. 10天

【答案】C

考点6　劳动报酬 ★★★

考点导学 1. 工资的发放

（1）工资应当以法定货币支付，不得以实物及有价证券替代货币支付。

（2）约定支付工资的日期遇节假日或者休息日的，应提前在最近的工作日支付。

（3）工资至少每月支付一次，实行周、日、小时工资制的可按周、日、小时支付工资。

（4）对完成一次性临时劳动或者某项具体工作的劳动者，用人单位应按有关协议或者合同规定在其完成劳动任务后即支付工资。

2. 加班工资

（1）工作日加班

用人单位依法安排劳动者在日标准工作时间以外延长工作时间的，按照不低于劳动合同规定的劳动者本人小时工资标准的150%支付劳动者工资。

（2）休息日加班

用人单位依法安排劳动者在休息日工作，不能安排补休的，按照不低于劳动合同规定的劳动者本人日或者小时工资标准的200%支付劳动者工资。

（3）法定休假日加班

用人单位依法安排劳动者在法定休假节日工作的，按照不低于劳动合同规定的劳动者本人日或者小时工资标准的300%支付劳动者工资。

考点解读　本考点属于常考点，尤其是加班工资的计算，必须掌握。

加班时间	是否可以补休作补偿	加班工资支付标准
日标准工作时间以外延长工作时间	×	小时工资标准的 150%
休息日工作	√	小时 / 日工资标准的 200%
法定休假日工作	×	小时 / 日工资标准的 300%

牛刀小试　**【单选题】**甲公司依法安排职工吴某于 2018 年 11 月 9 日（周五）延长工作 2 小时，11 月 10 日（周六）加班 1 天，事后未安排其补休。已知甲公司实行标准工时制，吴某日工资 200 元。根据劳动合同法律制度的规定，甲公司依法应支付吴某 11 月最低加班工资的下列计算中，正确的是（　　）。

A. 200 ÷ 8 × 150% × 2+200 × 150% × 1=375（元）

B. 200 ÷ 8 × 200% × 2+200 × 200% × 1=500（元）

C. 200 ÷ 8 × 200% × 2+200 × 300% × 1=700（元）

D. 200 ÷ 8 × 150% × 2+200 × 200% × 1=475（元）

【答案】D

【单选题】2020 年 1 月，甲公司安排谢某于 1 月 1 日（元旦）加班 1 天，于 1 月 5 日（周日）加班 1 天，之后未安排补休。已知，甲公司实行标准工时制，谢某日工资为 500 元。根据劳动合同法律制度的规定，计算甲公司应支付谢某 1 月份最低加班工资的下列算式中，正确的是（　　）。

A. 500 × 200% × 1+500 × 150% × 1=1750（元）

B. 500 × 200% × 1+500 × 200% × 1=2000（元）

C. 500 × 300% × 1+500 × 150% × 1=2250（元）

D. 500 × 300% × 1+500 × 200% × 1=2500（元）

【答案】D

考点 7　试用期 ★★★

考点导学　1. 试用期属于劳动合同的可备条款，双方可以约定，也可以不约定。

【解释】在订立劳动合同时，可以不约定试用期；但如果未违反规定约定了试用期，则必须遵守试用期期限、试用期工资等强制性规定。

2. 试用期期限的强制性规定

劳动合同类型	试用期期限
非全日制用工	不得约定试用期
以完成一定工作任务为期限的劳动合同	
合同期限＜3个月	
3个月≤合同期限＜1年	≤1个月
1年≤合同期限＜3年	≤2个月
合同期限≥3年	≤6个月
无固定期限劳动合同	

3. 试用期工资的强制性规定

劳动者在试用期的工资不得低于本单位相同岗位最低档工资的80%或者劳动合同约定工资的80%，并不得低于用人单位所在地的最低工资标准。

4. 同一用人单位与同一劳动者只能约定一次试用期。

5. 试用期包含在劳动合同期限内。劳动合同仅约定试用期的，试用期不成立，该期限为劳动合同期限。

考点解读　本考点属于常考点，较常出现在不定项选择题中。试用期期限的规定，可以按照数字口诀记忆：

311：3个月≤合同期限＜1年，试用期≤1个月；

132：1年≤合同期限＜3年，试用期≤2个月；

306：合同期限≥3年或无固定期限劳动合同，试用期≤6个月。

牛刀小试　**【单选题】**根据劳动合同法律制度的规定，下列劳动合同中，双方当事人可约定试用期的是（　　）。

A. 无固定期限劳动合同

B. 非全日制用工合同

C. 以完成一定工作任务为期限的劳动合同

D. 期限不满3个月的劳动合同

【答案】A

【单选题】甲公司招用胡某并签订了劳动合同，双方约定，劳动合同期限2年，试用期2个月，试用期满月工资6000元。已知，甲公司所在地月最低工资标准2300元，上年度职工月平均工资4200元。根据劳动合同法律制度的规定，甲公司向胡某支付的试用期月工资最低不得低于（　　）。

A. 3360 元　　B. 2300 元　　C. 4800 元　　D. 4200 元

【解析】试用期工资不低于“约定工资的 80%”（6000 × 80%=4800 元）和“当地最低工资标准”（2300 元）二者的孰高数。

【答案】C

考点 8　服务期 ★★

考点导学

1. 用人单位为劳动者提供专项培训费用，对其进行专业技术培训的，可以与该劳动者订立协议，约定服务期。劳动者违反服务期约定的，应当按照约定向用人单位支付违约金。约定的违约金数额不得超过用人单位提供的培训费用。

2. 对已经履行部分服务期期限的，用人单位要求劳动者支付的违约金不得超过服务期尚未履行部分所应分摊的培训费用。

3. 服务期一般长于劳动合同期限，劳动合同期满，但是用人单位与劳动者约定的服务期尚未到期的，劳动合同应当续延至服务期满；双方另有约定的，从其约定。

4. 用人单位与劳动者约定服务期的，不影响按正常的工资调整机制提高劳动者在服务期期间的劳动报酬。

考点解读

本考点属于常考点。

1. 首先需要明白服务期是什么意思，由于用人单位为劳动者提供专项培训费用，为了防止劳动者参加专业技术培训后跳槽，影响到用人单位的权益，双方可以约定服务期，从而限制劳动者的自由择业权。

2. 若劳动者在用人单位无过错时选择离职，属于劳动者违约，须向用人单位支付违约金，违约金数额不超过用人单位提供的培训费。具体计算参考案例：

【案例】吴某受甲公司委派去德国参加技术培训，公司为此支付培训费用 10 万元。培训前双方签订协议，约定吴某自培训结束后 5 年内不得辞职，否则应支付违约金 10 万元。吴某培训完毕后在甲公司连续工作满 2 年时辞职。甲公司依法要求吴某支付的违约金数额最高为多少万元？

【解析】（1）约定的违约金（10 万元）未超过公司支付的培训费用（10 万元）；（2）约定的服务期共计 5 年，已履行 2 年。因此，甲公司依法要求吴某支付的违约金最高额 =10 ×（5−2）/5=6（万元）。

牛刀小试

【单选题】甲公司通过签订服务期协议，提供 10 万元专项培训费用将尚有 4 年劳动合同期限的职工刘某派出参加 6 个月的专业技术培训。双方约定，刘某培训结束后须在甲公司工作满 5 年，否则应向公司支付违约金。刘某培训结束工作 2 年时因个人原因向公司提出解除劳动合同。根据劳动合同法律制度的规定，下列表述中，正确的是（ ）。

A. 服务期约定因限制了刘某的自主择业权而无效

B. 双方不得在服务期协议中约定违约金

C. 刘某可以解除劳动合同，但甲公司有权要求其支付违约金

D. 5年服务期的约定因超过劳动合同剩余期限而无效

【答案】C

考点9 保守商业秘密和竞业限制 ★★★

考点导学

1. 对负有保密义务的劳动者，用人单位可以在劳动合同或者保密协议中与劳动者约定竞业限制条款，并约定在解除或者终止劳动合同后，在竞业限制期限内按月给予劳动者经济补偿。补偿金的数额由双方约定，劳动者违反竞业限制约定的，应当按照约定向用人单位支付违约金。

2. 竞业限制的人员限于用人单位的高级管理人员、高级技术人员和其他负有保密义务的人员，而不是所有的劳动者。

3. 在解除或者终止劳动合同后，竞业限制人员到与本单位生产或者经营同类产品、从事同类业务的有竞争关系的其他用人单位工作，或者自己开业生产或者经营同类产品、从事同类业务的竞业限制期限，不得超过2年。

考点解读

本考点属于常考点。学习时需掌握以下几点：

1. 竞业限制于解除或者终止劳动合同后生效。

2. 意在限制用人单位的高级管理人员、高级技术人员和其他负有保密义务的人员。

3. 竞业限制期限内，用人单位应当按月向劳动者支付经济补偿金。

4. 在用人单位无过错情形下，若劳动者不执行竞业限制条款，属于违约责任，应向用人单位支付违约金，具体违约金的计算，考生无须掌握。

【提示】在劳动合同条款中，有且仅有服务期和竞业限制可以约定违约金，其他条款不得约定。

牛刀小试

【单选题】根据劳动合同法律制度的规定，对负有保密义务的劳动者，用人单位可以在劳动合同或者保密协议中与劳动者约定竞业限制条款，但竞业限制不得超过一定期限。该期限为（ ）。

A. 1年　　B. 2年　　C. 3年　　D. 5年

【答案】B

专题复盘

- 劳动合同（一）
  - 劳动合同订立的主体
    - 禁止招用未满16周岁的未成年人
      - 特殊情形
        - 文艺
        - 体育
        - 特种工艺
    - 不得以性别为由拒绝录用妇女或者提高对妇女的录用标准
    - 不因民族、种族、性别、宗教信仰不同而受歧视
    - 不得扣押劳动者的居民身份证和其他证件
  - 劳动关系的建立和劳动合同的订立
    - 劳动关系建立 → 用工之日
    - 订立书面合同时间 → 合法 → 自用工之日起1个月内
  - 非全日制
    - 可以口头订立劳动合同
    - 从事非全日制用工的劳动者可以与一个或者一个以上用人单位订立劳动合同
    - 非全日制用工双方当事人不得约定试用期
    - 用人单位可以按小时、日或周为单位结算工资，但非全日制用工劳动报酬结算支付周期最长不得超过15日
    - 非全日制用工双方当事人任何一方都可以随时通知对方终止用工
  - 劳动合同必备条款和可备条款
  - 带薪年休假
    - 是否可休
      - 可以休 → 单位的职工连续工作1年以上的，享受带薪年休假
      - 不可以休
        - 职工依法享受寒暑假，其休假天数多于年休假天数的
        - 职工请事假累计20天以上且单位按照规定不扣工资的
        - 1年10年算本级，234月请病假
    - 休多久 → 1年10年算本级，5天5天休年假

- **劳动合同（二）**
  - 劳动报酬
    - 支付要求
    - 加班工资
      - 工作日加班
        - 不管是否补休
        - 按 150% 支付加班工资
      - 周末加班
        - 补休 → 不支付加班工资
        - 未补休 → 按 200% 支付加班工资
      - 法定节假日加班
        - 不管是否补休
        - 按 300% 支付加班工资
  - 试用期
    - 期限 → 311、132、306
    - 工资
      - 约定
        - 有 → 劳动合同约定工资的 80%
        - 无 → 本单位相同岗位最低档工资的 80%
      - 不得低于 → 用人单位所在地的最低工资标准
  - 服务期
    - 适用范围
      - 用人单位为劳动者“提供专项培训费用”，对其进行专业技术培训的，可以与该劳动者订立协议，约定服务期
      - 劳动合同期满，但用人单位与劳动者约定的服务期尚未到期的，劳动合同应当延续至服务期满，除另有约定外
    - 服务期待遇 → 不影响按照正常的工资调整机制提高劳动者在服务期期间的劳动报酬
    - 劳动者违约
      - 应当按照约定向用人单位支付违约金
      - 违约金数额不得超过用人单位提供的培训费用
      - 用人单位要求劳动者支付的违约金不得超过服务期尚未履行部分所应当分摊的“培训费”

- 劳动合同（三）
  - 保守商业秘密和竞业限制
    - 适用范围
      - 针对人群：限于用人单位的高级管理人员、高级技术人员和其他负有保密义务的人员
      - 期限：不超过 2 年
      - 竞业限制开始时间：解除或者终止劳动合同后
    - 竞业限制补偿金
      - 支付方：用人单位
      - 原因：劳动者履行竞业限制义务
    - 竞业限制违约金
      - 支付方：劳动者
      - 劳动者违反竞业限制约定：向用人单位支付违约金

进一步学习建议

拿到“轻松过关®1”后，考生需要对经济补偿金、试用期考点进行深入学习，重点关注加班工资的计算、保守商业秘密和竞业限制，以及带薪年休假等内容。在学习过程中，听一遍基础班的课程，并利用“轻松过关®1”中的相关习题进行巩固。

扫码听课

100%

专题学习进度

第四部分

进阶备考攻略

攻略一　备考注册会计师

在财会领域有两类证书，一是职称类证书，二是资格类证书，初级会计证书属于前者，而注册会计师证书则属于后者，二者最大的区别在于，拥有初级会计证书主要从事会计工作，而拥有注册会计师证书则既可以从事会计工作也可以从事审计工作并拥有签字权，择业面更广，薪酬待遇更高。

注册会计师是指取得注册会计师证书并在会计师事务所执业的人员，英文全称 Certified Public Accountant，简称为 CPA，指的是从事社会审计、中介审计、独立审计的专业人士。

一、报名条件

初级会计专业技术资格考试（下文统称“初级会计考试”）的报名条件和注册会计师考试（下文统称“注会考试”）的报名条件都不算太高，只要同时满足下列条件，就可以同时报考：

类别	初级会计考试报名条件	注会考试报名条件
基本条件	1. 遵守《中华人民共和国会计法》和国家统一的会计制度等法律法规 2. 具备良好的职业道德，无严重违反财经纪律的行为 3. 热爱会计工作，具备相应的会计专业知识和业务技能	具有完全民事行为能力
学历要求	必须具备国家教育部门认可的高中毕业（含高中、中专、职高和技校）及以上学历	专业阶段： 具有高等专科以上学校毕业学历，或者具有会计或者相关专业中级以上技术职称 综合阶段： 已取得注会全国统一考试专业阶段考试合格证

二、“初级”与“注会”的衔接

顺利通过初级会计考试之后，有些考生想要追求更高层次专业知识和职业发展，那么学习注会就是一个不错的选择，而且，在考试安排、科目内容、知识延展上，初级会计考试与注会考试都存在很多的契合点。

（一）考试安排匹配

初级会计考试与注会考试的考试频率均为每年一次，但二者的具体考试时间并不相同，间隔较长，以往年一般情况下考试机构公布的考试安排为例。

	初级会计考试		注会考试
考试时间	5月7—11日 5月14—15日	8：30—11：30 初级会计实务＋经济法基础	8月26—28日举行专业阶段考试
		14：30—17：30 初级会计实务＋经济法基础	8月27日举行综合阶段考试

从上表可以看出，初级会计考试一般在5月初进行，注会考试在8月底进行，二者间隔了3个多月，如果报考2~3科注会考试，在制订好学习计划并按部就班地备考，是完全有可能在同一年既通过初级会计考试又通过注会部分科目的考试。

（二）科目内容匹配

初级会计考试包含两个科目：初级会计实务与经济法基础；注会考试则包含两个阶段：专业阶段与综合阶段，其中专业阶段包含6个科目，具体内容如下表所示。

	初级会计考试	注会考试
科目	初级会计实务 经济法基础	（1）专业阶段：会计、审计、财务成本管理、公司战略与风险管理、税法、经济法 （2）综合阶段：职业能力综合测试（试卷一、试卷二）
考试年限	一年通过两科	专业阶段5年通过6科

在内容方面，初级会计考试中的初级会计实务科目与注会考试中的会计科目存在重要联系，初级会计考试中的经济法基础中的内容也与注会中的经济法和税法的部分内容有很大关系。因此备考初级会计考试的过程也可以成为我们走进注会大门的第一步，一举两得，具体搭配方式如下表所示。

搭配的科目	选择原因
初级会计职称＋会计	初级会计实务讲解的是会计基础知识，考生可以通过备考初级会计实务积累相关会计基础知识。这时再备考会计，可以更轻松的入门。会计是注会考试中公认较难的一科，两科同时备考，也给考生通过注会其他科目打下了坚实基础
初级会计职称＋税法	税法中涉及的各个税种，在经济法基础中也有涉及，但注会考试涉及的内容会更深、更广。有了在初级阶段打下的基础，大家趁热打铁学习税法也是个不错的选择

搭配的科目	选择原因
初级会计职称 + 经济法	相比会计与税法，经济法与初级会计考试科目内容的相似度要低很多，考虑到注会经济法大部分为记忆性内容，难度相对其他科目较低，在备考时间比较紧张的情况下，考生也可以只报考一门经济法，率先通过一门注会考试，可以为后续注会的学习树立信心哦
初级会计职称 + 会计 + 税法	注会这两门科目都是与初级知识点重合度较高的，尤其是税法。此外注会的会计与税法也有一定关联度，且难度互补。通过初级会计考试和注会考试的这两门科目，不论是在求职中还是在工作中都会更加如鱼得水
初级会计职称 + 会计 + 经济法	这也是与初级知识点重合较高的一种搭配，但重合度略低于以上会计 + 税法的组合。如果是初级经济法基础中税法部分学的不是很扎实的考生，更推荐这种搭配方案。税法更换成经济法会降低考生的学习难度，提高通过考试的机会
初级会计职称 + 会计 + 税法 + 经济法	这是学霸级的搭配方案！率先报考注会会计并通过，可以给其他科目如财务成本管理、审计打下良好的基础，此外这个搭配将理解与记忆相结合，复习过程中考生记忆疲惫时可以随时更换另一科目进行学习

想在财会领域闯出一番天地，与其慢节奏分开考，不如初级、注会一备两考，省时省力，不留空窗期。

（三）知识内容延展

目前，初级会计证书是进入会计行业的入门证书，初级会计的内容是基础性的，主要帮助大家熟悉会计语言、树立逻辑框架、掌握处理基本业务的能力，如一般企业都会涉及的销售产品、购买材料、交房租、发工资、纳税等事项，学习了初级会计基本知识的会计人员才能应对这些业务。

但如果想具备处理更复杂业务的能力，仅通过初级会计考试是不够的，如企业有很多子公司，作为母公司，需要编制合并报表来反映整个集团的业绩，这个时候就需要具备合并财务报表的编制能力，这一内容在注会会计中就有详细的介绍。再如，如果你就职的单位是外贸企业，会涉及增值税退税政策，初级的经济法基础没有这些内容，只有在注会的税法中才能了解到具体的计算方法。

因此，注会的备考能够帮助我们更深入地了解和掌握财会以及相关法律知识，具备处理复杂情况的能力，用更全面的眼光审视业务背后的严密逻辑。

三、备考建议

了解初级会计和注会之间的关系后，是不是增加了备考的信心，如果同时备考初级和注会需要做哪些准备呢？资料与课程如何选择呢？接下来和大家聊聊初级会计考试与注会考试同步备考的一些复习建议。

（一）备考资料

1. 官方教材

官方教材是根据考试大纲编写的，覆盖考试中几乎所有考点，有同学戏谑注会教材厚的“可以防弹”。如果从考试角度考虑，官方教材过于冗杂，文字太多，应试性不强，更像一本工具书，主要用于实务工作中查阅。在复习备考过程中，可根据自身情况酌情选择购买。

2. 习题资料

做题是考生备考路上永远绕不开的话题，但不是盲目进行“题海战术”就能通过考试，一定要根据自己的备考时间，选择下列几种类型题。

题册	解读	注意事项	推荐参考书
历年真题	真题是性价比最高的题，能反映命题趋势与学科的重点，是在备考路上的必刷题	有些真题由于政策变化会存在时效性问题，但其命题角度和陷阱依然具有代表性，因此一定要选择按照最新考试内容修订后的真题	“轻松过关®3”
官方教材中的例题	官方教材中会收录相应的例题，这些题目是出题专家（也就是命题人）编写的题目，重要性不言而喻，有些真题就是根据教材的例题进行改编的，属于考生必刷的题目	这部分题目不用大家单独收集，东奥的老师在讲解基础班时会逐一讲解这类题目，大家认真听课、务必搞懂	“轻松过关®1”、东奥名师基础班讲义
高质量模拟题	由于官方教材发生变动，新增 / 新改的知识点没有真题，某些考点的命题切入点每年也会不断调整，因此还需要高质量的模拟题来填补空白	一定要刷好题，宁缺毋滥	“轻松过关®2”
高质量模考卷	在步入考场前，每位考生都需要做模考卷来查缺补漏，定位盲点，当然，高质量模考卷也有一定预测考点的功能	千万不要盲目相信押题，如果你看到谁在卖押题，请立刻远离，那是在浪费你的时间	“轻松过关®4”

（二）找到合适的老师

请务必记住，如果你不是顶级学霸或者小神童，尽量不要自学。牛顿曾说：如果说我看得比别人更远些，那是因为我站在巨人的肩膀上。

因此，建议考生在备考注会的道路上跟着老师的步伐前行，这样可以帮助大家节约时间。但老师的课程不是万能的，听课并不等于过关。老师也仅仅是备考过程中的指路明灯，这一路还是要靠你自己一步步走完。

关于如何选择老师，这里给大家的建议是，没有最好的老师，只有最适合自己的老师，选择一位您心仪的老师，一路跟随即可。

具体分析如下：

会计

▸ 张志凤 / 有一定基础

老师会讲一些原理类内容，从实际情况去解释准则制订的背景，娓娓道来，而且录课速度很快，不会耽误你的学习进度，用“轻 1”也不需要再额外打印讲义。

▸ 张敬富 / 零基础 / 基础比较薄弱

老师用通俗易懂的语言，透过生动的举例讲解复杂的知识点，而且重难点突出，但要注意不要只听段子不记知识点。

审计

▸ 刘圣妮 / 适合所有学员

讲课细致，声音柔和，经常带你回顾重要的知识点，很适合入门学员。

▸ 张敬富 / 适合所有学员

真正的“老少皆宜”，讲课浅显易懂、幽默风趣。

▸ 范永亮 / 适合所有学员

讲课清晰有逻辑、简洁明了、深入浅出，能够将专业名词用简单的语言解释清楚。

财务成本管理

▸ 闫华红 / 有一定基础

老师讲课逻辑缜密，重点突出，解析命题规律，化繁为简，化难为易，而且老师录课速度快，课时也较短。

▸ 郑晓博 / 零基础 / 基础比较薄弱

讲课风趣幽默，而且会从基础内容讲起，认真严谨，非常适合零基础学员。

税法

▸ 刘颖 / 马兆瑞 / 王颖 / 适合所有学员

三位老师都非常认真负责，考点抓的很准，逻辑清晰，会通过讲解规定背后的原理帮助理解考点。

经济法

▸ 郭守杰 / 有一定基础

郭老师幽默风趣，案例耳熟能详，授课以重难点为主，而且录课速度快，课时也较短，适合时间不太充裕的学员。

黄洁洵　/　零基础 / 基础比较薄弱

黄老师讲课思路清晰，语言简洁，内容详细，重点突出，深受大家喜欢。

公司战略与风险管理

吕　鹏　/　适合所有学员

考点把握精准，讲解透彻，人很幽默。配合经典的做题策略及独门“星星点点”在学员中备受好评。上老师的课，买“轻松过关®2”即可。

征　鸿　/　适合备考时间少的学员

讲课条理性强，善于总结，而且课时短，适合备考时间紧张的考生。

四、成为注册会计师

近几年注册会计师考试热度攀升，报考的人数也高达百万。除了注会证书含金量高，就业前景广阔，各地福利政策加持也是许多考生报考注册会计师考试的原因之一。接下来我们就来了解一下注册会计师的就业前景、福利政策等内容。

（一）发展路线

注册会计师的发展路线分为执业注册会计师与非执业注册会计师两种。

1. 执业注册会计师

要想成为执业注册会计师，需要在通过注册会计师考试后，进入会计师事务所从事审计工作。具有两年以上审计业务工作实践经验，就可以向所在地（省、市级）注册会计师协会申请执业证书。一般情况下，执业注册会计师有权给企业出具审计报告，享有唯一签字权。

2. 非执业注册会计师

通过了注册会计师的专业阶段和综合阶段，就可以领取全科合格证，凭全科合格证可以在中注协申请成为非执业会员。值得注意的是，执业注册会计师与非执业注册会计师是可以相互转换的。两种方向发展路线不同，针对人群也不尽相同。

3. 两者的就业区别

从执业发展路线来看，职位晋升按照审计助理→审计员→高级审计员→经理→高级经理→合伙人的顺序进行。

非执业发展路线选择方向更多一些：进入企业从事财务、成本核算、财务管理、内部审计等方面工作；进入金融行业在银行、证券行业和其他金融机构从事会计相关工作；进入行政事业单位，如学校、医院、福利慈善机构等担任会计工作和内部审计工作；进入会计师事务所，从事鉴证服务、税务代理、资产评估、会计服务、管理咨询等工作。

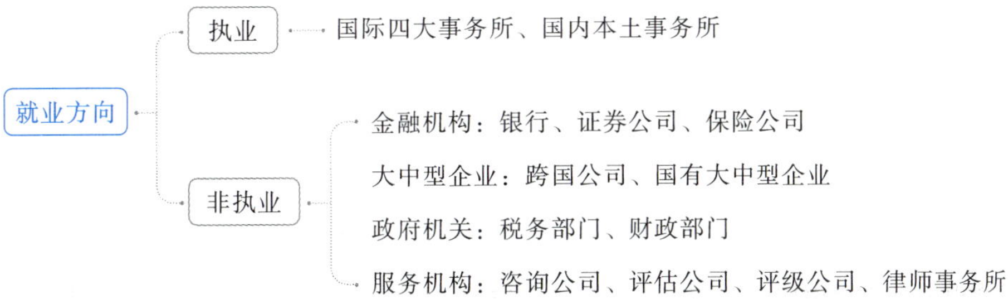

（二）各地福利政策

1. 多省互认互免政策

为了贯彻落实职称制度改革，进一步促进职称制度与职业资格制度的有效衔接，减少重复评价，降低社会用人成本，多个地区推出了注会证书与职称类证书的互认互免政策。例如，在北京、天津等城市注册会计师等同会计师，在上海，符合一定条件的注册会计师可免于参加高级会计专业技术资格考试。

2. 福利政策加持

现阶段，社会对高端财会人员供不应求，很多城市为高端财务人员提供了不同的福利待遇，鼓励大家考取注会证书。部分地区的福利政策如下表所示。

地区	福利政策
天津	可直接落户，注册会计师协会一次性资助 30000 元
上海	可增加 100 分落户积分
江苏	注册会计师协会最高奖励 10000 元
重庆	注册会计师协会最高给予 50000 元现金奖励
浙江	注会专业阶段一次性过 6 科，注册会计师协会奖励 6000 元
福建	在连续两个年度内获得全科合格者，注册会计师协会奖励 3000 元

总体来看，注册会计师证书既是专业能力的象征，也是职业方向的优选，而且，由于近两年新冠疫情的影响，初级会计考试存在延期举行的可能性，在延考期间，大家可以充分安排自己的时间，转向备考注会也不失为一项明智之举，在专业领域取得更大的进步。

攻略二　备考中级会计职称

中级会计职称属于会计职称的一种，比初级会计职称高一个级别。根据现行会计职称管理规定，通过中级会计专业技术资格考试后可以评定会计师职称。会计师指具有一定会计专业水平，经考核取得证书、可以接受当事人委托，承办有关审计、会计、咨询、税务等方面业务的会计人员。

一、报名条件

与初级会计职称相比，中级会计职称的备考条件较高，对学历和工作经验都有一定的要求，具体要求如下表所示。

	中级会计职称
报名条件	（1）具备大学专科学历，从事会计工作满 5 年 （2）具备大学本科学历或学士学位，从事会计工作满 4 年 （3）具备第二学士学位或研究生班毕业，从事会计工作满 2 年 （4）具备硕士学位，从事会计工作满 1 年 （5）具备博士学位 （6）通过全国统一考试，取得经济、统计、审计专业技术中级资格

需要注意的是，报考中级会计职称考试不必先通过初级会计职称考试，考生如果符合条件可以直接报考中级会计职称考试。

二、“初级”与“中级”的衔接

虽然初级会计职称考试与中级会计职称考试在报考要求上没有直接的先后关系，但由于中级会计职称考试具有较为严格的工作年限要求，以及较深的专业知识，使得大部分考生都会选择先报考初级会计职称考试，有了一定专业基础并在满足报考条件之后再去考虑中级会计职称考试。因此，初级会计职称是向中级会计职称过渡的踏板。总体来看，中级会计职称考试是初级会计职称考试的升级版，考试科目更多，难度也大，每科的内容增加，题型也不同。下面我们就从考试科目、题型题量、知识点内容三方面了解中级会计职称考试，以及与初级会计职称考试的联系和区别。

（一）考试科目及规则

我们已经知道初级会计职称考试包含两个科目：初级会计实务、经济法基础，而中级会计职称考试则包含了三个科目，主要是增加了财务管理的相关知识。具体内容如下表所示。

考种	初级会计职称	中级会计职称
考试科目	初级会计实务 经济法基础	中级会计实务 中级财务管理 中级经济法
考试规则	一年内同时通过两科	两年内通过三科
科目通过规则	各科目满分 100 分，考试分数在 60 分以上（包括 60 分）即及格，视为通过该科目	

（二）题型、题量差异

在题型、题量方面，初级会计职称考试均为客观题（见“第一部分备考指南”），难度较小，中级会计职称考试题型更丰富，难度也更大，不仅包括客观题，还包括主观题。具体如下表所示。

科目	题型			小计
中级会计实务	客观题	单选题	10 题 ×1.5 分 =15 分	30 题，45 分
		多选题	10 题 ×2 分 =20 分	
		判断题	10 题 ×1 分 =10 分	
	主观题	计算分析题	1 题 ×10 分 +1 题 ×12 分 =22 分	4 题，55 分
		综合题	1 题 ×15 分 +1 题 ×18 分 =33 分	
中级财务管理	客观题	单选题	20 题 ×1.5 分 =30 分	40 题，60 分
		多选题	10 题 ×2 分 =20 分	
		判断题	10 题 ×1 分 =10 分	
	主观题	计算分析题	3 题 ×5 分 =15 分	5 题，40 分
		综合题	1 题 ×12 分 +1 题 ×13 分 =25 分	
中级经济法	客观题	单选题	30 题 ×1 分 =30 分	55 题，70 分
		多选题	15 题 ×2 分 =30 分	
		判断题	10 题 ×1 分 =10 分	
	主观题	简答题	3 题 ×6 分 =18 分	4 题，30 分
		综合题	1 题 ×12 分 =12 分	

从上表可以看出，中级会计职称考试的三个科目中，中级会计实务的客观题分值最低，为 45 分，可见该科目的考试难度较大，不仅要熟悉知识点，还要掌握重要业务的计算以及账务处理，需要给予绝对的重视。相比来看，中级经济法的客观题分值最高，为 70 分，容易得分，属于难

度较小的科目，但由于经济法考点分散，需要拓宽复习广度。另外，中级财务管理的客观题分值居中，为60分，但对于未接触过财务管理相关知识的考生来说，解题思路以及大量的公式和计算是较大的复习难点。

（三）知识内容延展

从初级会计职称考试与中级会计职称考试的科目名称上，大家就可看出这两项考试存在密切联系，这种联系主要体现在知识点上，尤其是初级会计实务与中级会计实务，重合内容较多，经济法基础与中级经济法由于2022年教材有变化，导致关联性减弱，但依然有相似的考点。因此，对于已取得初级会计证书的考生而言，在中级会计职称考试中占有较大优势。

1. 初级会计实务与中级会计实务

	初级会计实务	中级会计实务
不同知识点举例	应收及预付款项，生产性生物资产，应交税费等	借款费用，或有事项，非货币性资产交换，债务重组，持有待售的非流动资产等
相同知识点举例	存货，固定资产，长期股权投资，投资性房地产，交易性金融资产，职工薪酬，收入，租赁，财务报告等	

从上表可以看出，初级会计实务与中级会计实务重合的知识点较多，而且集中在重要考点。这些知识点，有些内容基本一样，如固定资产、职工薪酬等，还有些内容，中级会计实务要比初级会计实务介绍得更详细、角度也有区别，如存货、投资性房地产、长期股权投资等。当然，还会有一些不同的知识点，总体来看，初级会计实务的知识点更基础、涉及的账务处理也属于经常发生的业务，而中级会计实务向特殊业务延展，涉及的账务处理也更复杂，难度也更大。

2. 经济法基础与中级经济法

	经济法基础	中级经济法
不同知识点举例	会计法律制度、支付结算法律制度、劳务税法律制度、财产和行为税法律制度等	公司法律制度、合伙企业法律制度、物权法律制度、合同法律制度、金融法律制度、财政法律制度等
相同知识点举例	法律体系、法律行为、票据法律制度	

从上表中可以看出，2022年中级经济法的教材有重大变动，删掉了税法的相关内容，导致初级的经济法基础与中级经济法相似知识点较少，集中在法律基础以及票据相关的知识点。初级的经济法更偏重于税法的相关内容，中级的经济法有向注会经济法内容过渡的趋势，更注重经济法内容的展示。

3. 中级财务管理

中级财务管理是中级会计职称考试专设的科目，与初级会计职称考试没有对应科目。该科目涉及公式较多，注重计算，需要理清解题思路，重点复习，加强记忆。

三、备考建议

（一）科目搭配

在准备报考之前，我们需要进一步了解中级会计职称考试三个科目的特征以及复习建议，以便合理分配备考时间，制订适当的复习计划。

<table>
<tr><th>科目</th><th>特征</th><th>建议方法</th></tr>
<tr><td>中级会计实务</td><td>（1）教材内容较多
（2）部分知识点难度较大（如长期股权投资、金融资产和金融负债、租赁等）
（3）考试计算量大
（4）出题形式灵活多变</td><td>建议大家全面复习，把握重点。强化练习，提高答题速度和准确性。特别要注重基础章节及基础知识的把握（如存货、无形资产、固定资产等）</td></tr>
<tr><td>中级财务管理</td><td colspan="2">（1）属于中等偏难的科目
（2）内容抽象、公式较多、很容易遗忘
（3）计算量大，试题综合性较强
（4）由于内容抽象，建议大家要反复理解，多做题，总结出题套路。注重公式的推导和原理的应用</td></tr>
<tr><td>中级经济法</td><td>（1）难度相对较低
（2）考查内容全面，需要记忆的内容较多，容易混淆</td><td>对于法规法条要注意归纳总结、对比记忆。注重法律法规的变化</td></tr>
</table>

方案一：三科全报

建议首次报考的学员三科全报。从备考时间、备考压力、考试难度三个维度来看，一次过三科的概率是很大的。只要有完备的学习计划、优质的备考资料、有效的名师指导，给自己一年的时间，速取中级会计职称证书。

方案二：两科联报

中级会计实务 + 中级财务管理或者中级会计实务 + 中级经济法。从三科的难易程度来看，中级会计实务是最难的一科，由于选择两年备考，建议第一年就把最难的科目考过，这样第二年的备考压力会相对小一些。

（二）备考资料

1. 官方教材

与注册会计师的教材情况相同，官方教材应试性较差，文字居多，缺少总结，重点也不突出，所以不建议将官方教材作为复习资料。当然，如果复习时间充裕，可以购买教材进行阅读。

2. 教辅资料

各培训机构都会根据考纲及教材出版自己的教辅资料，该类资料针对考试特点归纳总结相关考点，让考生更容易抓住重点，起到事半功倍的效果，所以建议考生购买合适的教辅资料。

3. 习题资料

很多考生在复习的时候反映，听课的时候老师讲的内容都会，做题的时候就出错，这主要是因为做题太少，所以选择一本好的题册至关重要，考生该如何选择呢？

题册	解读	注意事项	推荐参考书
历年真题	以往考过的题目，更能体现出题人的思路及考试的重点，因此真题是非常重要的题目，一定要多做练习	真题会随着政策、实务的变化而变化，因此一定要做按照最新考试内容修订后的真题	“轻松过关®3”
官方教材中的例题	官方教材中的例题，会给出相关知识点的考查方向，重要程度不言而喻	一定要理解透彻，多加复习，有些考题是从例题中变化而来的	“轻松过关®1”（紧贴考纲，深度剖析考点，精编习题，全方位打磨）
高质量习题	对于变化或新增的知识点需要做高质量的习题强化练习	不建议用“题海战术”，1道高质量的题目可能会抵10道质量低的题目	“轻松过关®2”（独创「大小题」专攻模式，分类详解，精准得分）
必备模考题	在冲刺阶段，必做模考题，掌握做题节奏，为考试做好充分准备	利用错题查漏补缺、强化记忆	“轻松过关®4”

（三）找到合适的老师

备考中级会计职称考试的许多考生是在职考生，有时难于兼顾工作与学习的压力，因此，网课成为众多考生的选择，让专业性更强的老师帮你解难点、划重点、拆习题，既能节约时间，又能高效备考。因此老师的选择至关重要，一定不要盲从，要根据自己的学习方式，找到合适的老师，并坚定地跟学下去，才能收获珍贵的证书。

这里给大家推荐几位带领众多考生考取中级会计证书的名师，以供参考。

中级会计实务

▸ 张志凤 / 有一定基础

张老师授课语言凝练，多加理解往往有画龙点睛的作用，给人豁然开朗的感觉。

▸ 张敬富 / 零基础 / 基础比较薄弱

张老师讲课幽默风趣，语言清晰精准，见解独到，应试性强。

中级财务管理

▸ 闫华红 / 零基础 / 基础比较薄弱

闫老师讲课逻辑缜密，重点突出，非常熟悉考试方向，能将财务管理的公式讲解得非常透彻。

▸ 陈庆杰 / 零基础 / 基础比较薄弱

陈老师教学善用生动的举例，把考点讲解得深入浅出，同时注重习题练习。

中级经济法

▸ 黄洁洵 / 零基础 / 基础比较薄弱

黄老师讲课思路清晰，重点突出，往往能一针见血地指出考生在理解上的误区。

▸ 郭守杰 / 有一定基础

郭老师讲解知识点非常清晰、简练，擅长举例、化繁为简，而且语言幽默风趣。

（四）一备两考

前面咱们在“备考注册会计师”中了解了注册会计师的考试科目，相信你一定注意到，注册会计师的考试科目与中级会计师的考试科目有一定的相似性，这使得同时备考变得可能。而且，许多考生的备考经验已经证实，这是一种非常高效的备考路径。下面我们就来了解一下中级会计科目与注会科目的相似性，以及备考当中的注意事项，如下表所示。

相似科目	相似情况	注意事项
中级会计实务 + 注会的会计	重合内容约为 80%，大部分的会计处理相同	注会试题难度较大，中级难度相对较低，并且注会和中级的重要考点分布并不完全一致，所以要注意有所侧重
财务管理 + 注会的财务成本管理	重合内容约为 90%，注会财务成本管理几乎包括中级所有的内容。中级财务管理的内容约占注会财务成本管理内容的 50%，其余则是注会独有的内容	中级财务管理考试的灵活性不强，多考查公式原型带入与文字内容。而且，注会试题的难度较大，中级难度相对较低，所以建议把更多的精力放在注会财务成本管理上
中级经济法 + 注会的经济法	重合内容约为 80%，且重合部分的内容基本相同	考试中注会经济法的考查难度较高，建议把更多的精力放在注会经济法上

如果考生的备考时间充裕，又有考取注册会计师的计划，建议大家根据当年报考的中级会计科目，搭配 1~2 科注会科目，由于中级会计与注册会计师的考试时间间隔很近，考生需将大部分精力放在注会科目的备考上（若处于备考中级会计职称的第二年需慎重考虑），这样既省时又省力。

四、成为中级会计师

通过中级会计职称考试，取得证书即成为一名专业的会计师。近些年，中级会计职称考试报名人数屡创新高，可以看出越来越多的人意识到了“中级会计职称”的含金量，这不仅包括薪酬上面的吸引力，还有各种政策福利。

（一）发展路线

如果你深耕在财会领域，有了一定的工作经验，那么持有中级会计证书一定能为你带来一条清晰可见的职业成长道路。

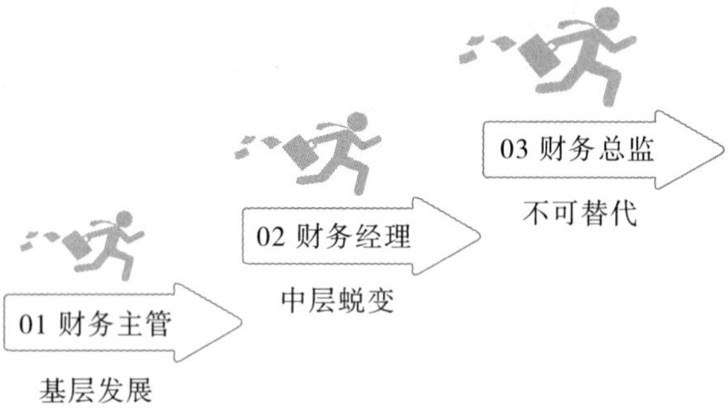

1. 财务主管

财务主管是公司经济活动中会计工作的领导者，持有中级会计师证书是财务主管的必要条件。财务主管虽然属于基层管理岗位，但却是财会人员不断向上晋升的必经之路。

2. 财务经理

财务经理属于中层管理者，负责的不再只是会计部门的相关工作，还会负责财务相关的其他工作，包括整个财务部的日常管理工作，同时还要利用自己的专业知识和对市场前景的判断，对企业的运营管理、战略决策提供强有力的支持。

3. 财务总监

财务总监是企业领导层重要的岗位之一，不仅要有专业技能，还要有丰富的工作经验，同时还要具备一定的执行能力，有许多财务总监是从财务主管、财务经理等岗位一步步脚踏实地历练出来的。由此可以看出，中级会计证书是财会人员从基层发展成为实务领域“大牛”的必备证书，如果你不甘心只做一个基础会计人员，那么考取中级会计证书肯定是一个上佳之选。

（二）各地福利政策

考取中级会计证书，不仅仅能够升职加薪，让自己的职业发展上升一个台阶，还能带来意想不到的地区福利，如增加居住证积分、领取职业技能补贴、直接落户等。下表为部分地区针对中级会计师的福利政策。

地区	福利政策
广东	广州：持有中级会计证书人员奖励居住证积分 20 分；来本市创业人员 40 岁以下持中级会计证书直接落户 南沙：对于持有中级会计证书的引进人才给予住房补贴 4 万元 汕头：持有中级会计证书引进人才奖励 2.4 万元，连续两年；企业自身的人才提升奖励 3500 元 深圳：奖励中级会计人员落户积分 东莞：新引进人才持有中级会计证书奖励最高 6 万元
上海	居住证积分 +100 分；居转户条件之一
福州	持中级会计证书，补贴 2000 元
山西	取得中级（四级）职业资格证书或职业技能等级证书的，补贴标准 1500 元
南京	中级会计师可直接落户
四川	持有中级会计证书，补贴标准 1500 元
杭州	奖励居住证积分 60 分

从实实在在的加薪升职到越来越多的地区福利，这些都能表明各地区吸引人才的长远战略以及中级会计职称的超高价值，一两年的辛苦备考，带来的是未来职场发展的无限可能，这绝对是财会人的明智之举。